『一带一路』列国人物传系 总主编◎王丽

马背巨人
成吉思汗传

唐迪 徐帮学◎主编

華文出版社
SINO-CULTURE PRESS

图书在版编目（CIP）数据

成吉思汗传 ：马背巨人 / 唐迪，徐帮学主编. --
北京 ：华文出版社，2021.11（2023.6 重印）
（“一带一路”列国人物传系）
ISBN 978-7-5075-5388-8

Ⅰ. ①成… Ⅱ. ①唐… ②徐… Ⅲ. ①成吉思汗（1162–1227）–传记 Ⅳ. ①K827=47

中国版本图书馆CIP数据核字（2020）第236989号

成吉思汗传

主　　编：唐　迪　徐帮学
责任编辑：谭　笑
出版发行：华文出版社
社　　址：北京市西城区广外大街 305 号 8 区 2 号楼
邮政编码：100055
网　　址：http://www.hwcbs.cn
投稿信箱：784263235@qq.com
电　　话：总 编 室 010-58336239
发 行 部 010-58336202/58336212
责任编辑 010-58336237
经　　销：新华书店
印　　刷：三河市嵩川印刷有限公司
开　　本：880×1230　1/32
印　　张：8.5
字　　数：120 千字
版　　次：2021 年 11 月第 1 版
印　　次：2023年 6 月第 3 次印刷
标准书号：ISBN 978-7-5075-5388-8
定　　价：58.00 元

“‘一带一路’列国人物传系”编辑委员会

总　序

群星闪耀“一带一路”

“2100 多年前，中国汉代的张骞肩负和平友好使命，两次出使中亚，开启了中国同中亚各国友好交往的大门，开辟出一条横贯东西、连接欧亚的丝绸之路。”①2013 年 9 月 7 日，中国国家主席习近平在哈萨克斯坦纳扎尔巴耶夫大学发表演讲，以博古通今的睿智对大学生们娓娓道来丝绸之路古老而年轻的故事。

“我的家乡陕西，就位于古丝绸之路的起点。站在这里，回首历史，我仿佛听到了山间回荡的声声驼铃，看到了大漠飘飞的袅袅孤烟。这一切，让我感到十分亲切。哈萨克斯坦这片土地，是古丝绸之路经过的地方，曾经为沟通东西方文明，促进不同民族、不同文化相互交流和合作作出过重要贡献。

① 《习近平谈治国理政》，外文出版社，2014 年 10 月第 1 版，第 287 页。

东西方使节、商队、游客、学者、工匠川流不息，沿途各国互通有无、互学互鉴，共同推动了人类文明进步。”“不同种族、不同信仰、不同文化背景的国家完全可以共享和平、共同发展。这是古丝绸之路留给我们的宝贵启示”，“为了使我们欧亚各国经济联系更加紧密、相互合作更加深入、发展空间更加广阔，我们可以用创新的合作模式，共同建设‘丝绸之路经济带’”。[①]推己及人，高瞻远瞩，引领时代，习主席在阿斯塔纳[②]通过哈萨克斯坦人民，首次向世界发出了让古老的丝路精神再次焕发青春和光彩的时代宣言。

2013年10月3日，习主席在印度尼西亚国会发表了题为《共同建设二十一世纪“海上丝绸之路”》的演讲：“东南亚地区自古以来就是‘海上丝绸之路’的重要枢纽，中国愿同东盟国家加强海上合作，使用好中国政府设立的中国－东盟海上合作基金，发展好海洋合作伙伴关系，共同建设21世纪‘海上丝绸之路’”，“发挥各自优势，实现多元共生、包容共进，共同造福于本地区人民和世界各国人民”。[③]这个倡议和9月7日的演讲异曲同工、

① 《习近平谈治国理政》，外文出版社，2014年10月第1版，第287页。

② 哈萨克斯坦新首都名称。

③ 同①，第293–295页。

遥相呼应、互为映衬，完整地提出了“丝绸之路经济带”和“21 世纪海上丝绸之路”的宏伟构想。

从广袤的亚欧腹地哈萨克斯坦到风光旖旎的印度尼西亚，习主席提出的“丝绸之路经济带”和“21 世纪海上丝绸之路”吸引了世界各国的目光。从 2013 年 9 月至 2016 年 8 月，习近平出访 37 个国家（亚洲 18 国、欧洲 9 国、非洲 3 国、拉美 4 国、大洋洲 3 国），对“一带一路”倡议的总体框架和基本内涵做了充分阐述。和平合作、开放包容、互鉴互学、互利共赢的丝路精神，共商、共建、共享的合作理念，驱散了“去全球化”的阴霾，为增长低迷的世界经济注入新的动能。各国纷纷将本国经济发展与中国政府制定的《推动共建丝绸之路经济带和 21 世纪海上丝绸之路的愿景与行动》规划相衔接。“一带一路”倡导的政策沟通、设施联通、贸易畅通、资金融通、民心相通等“五通”，正在以基础设施、经贸合作、产业投资、能源资源、金融支撑、人文交流、生态环保、海洋合作等为载体和依托，在全球掀起了投资兴业、互联互通、技术创新、产能合作的新势头。2016 年中国牵头成立有 57 个成员国加入的亚洲基础设施投资银行（AIIB），2017 年 3 月 23 日迎来 13 个新伙伴。孟加拉配电系统升级扩容项目、印尼全国棚户区改造项目、巴基斯坦国家高速公路项目和塔吉克斯坦杜尚别至乌兹别克斯坦道路改造项目已经获得亚投行金融支持，共商共建成为现实。

“一带一路”倡议得到国际社会的热烈响应。2016 年 11 月 17 日，第 71 届联合国大会 193 个成员一致赞同，通过了第 A/71/9 号决议，欢迎“一带一路”倡议，敦促各国通过参与“一带一路”，呼吁国际社会为开展“一带一路”建设提供安全保障环境。2017 年 3 月 17 日，联合国安理会全票赞成，一致通过第 2344 号决议，呼吁国际社会凝聚援助阿富汗共识，通过“一带一路”建设等加强区域经济合作，敦促各方为“一带一路”建设提供安全保障环境。

2017 年 1 月，习近平主席在联合国日内瓦总部发表题为《共同构建人类命运共同体》的重要演讲，全面深入系统阐述人类命运共同体重大理念，在国际上引起热烈反响，受到各方普遍欢迎和高度评价。3 月 23 日，联合国人权理事会第 34 次会议通过关于“经济、社会、文化权利”和“粮食权”两个决议，决议明确表示要通过“一带一路”建设“构建人类命运共同体”。这是人类命运共同体重大理念首次载入人权理事会决议，标志着这一理念成为国际人权话语体系的重要组成部分。

“一带一路”不是中国的独角戏，是与亚、欧、非洲及世界各国共同奏响的交响乐。中国恪守联合国宪章的宗旨和原则，坚持开放合作、和谐包容、政策沟通，培育政治互信，建立合作共识，协调发展战略、促进贸易便利化及多边合作体制机制。中国携手100多个国家和地区，依托国际大通道，以陆上沿线中心城市为支撑，以重点经贸产业园区为合作平台，共同打造新亚欧大陆桥、中蒙俄、中国－中亚－西亚、中巴、孟中印缅、中国－中南半岛等国际经济合作走廊进展顺利，中欧班列在贸易畅通上动力强劲，风景亮丽；以海上重点港口为节点，共同建设通畅安全高效的运输通道，实现陆海路径的紧密关联和合作，太平洋、印度洋、大西洋上巨轮往来频繁，不亦乐乎。亚太经合组织、亚欧会议、大湄公河次区域合作等有关决议或文件，都体现了“一带一路”建设内容。丝路基金、开发性金融、供应链金融汇聚全球财富，建设绿色、健康、智慧与和平的丝绸之路，增进各国民众福祉。

“一带一路”是人类历史上从未有过的恢弘蓝图，也是横跨亚非欧连接世界各国的暖心红线。“丝绸之路经济带”包括中国经中亚、俄罗斯至欧洲（波罗的海），中国经中亚、西亚至波斯湾、地中海，中国至东南亚、南亚、印度洋；“21世纪海上丝绸之路”包括从中国沿海港口过南海到印度洋再延伸至欧洲和到南太平洋。一路驼铃声声、舟楫相望，互通有无、友好交往。

在新的时代，在创新古老丝路精神的伟大进程中，习主席专门缅怀丝路开拓者，特意致敬古丝路精神奠基人："我们的祖先在大漠戈壁上'驰命走驿，不绝于时月'，在汪洋大海中'云帆高张，昼夜星驰'，走在了古代世界各民族友好交往的前列。甘英、郑和、伊本·白图泰是我们熟悉的中阿交流友好使者。丝绸之路把中国的造纸术、火药、印刷术、指南针经阿拉伯地区传播到欧洲，又把阿拉伯的天文、历法、医药介绍到中国，在文明交流互鉴史上写下了重要篇章。千百年来，丝绸之路承载的和平合作、开放包容、互学互鉴、互利共赢精神薪火相传。"[①]这种吃水不忘挖井人的情怀，再次展现了中华民族不忘历史、纪念先贤、展望未来的优秀文化基因，也为中国传记文学学会参加"一带一路"建设指明了方向和道路。

在古老的丝绸之路上，我们不曾相忘：张骞出使西域到过的哈萨克斯坦，山高水长的好邻居巴基斯坦，双头鹰下横跨欧亚之国俄罗斯，草原之国蒙

① 习近平：《弘扬丝路精神，深化中阿合作》，2014年6月5日，习近平在中—阿合作论坛第六届部长级会议开幕式上的讲话，《人民日报》6月6日第1版。

古，喜马拉雅浮世天堂尼泊尔，菩提恒河保佑之国印度，文化瑰宝伊朗，首创法典之国伊拉克，红海门户之国也门，石油王国沙特阿拉伯，波斯湾明珠巴林，雪松之国黎巴嫩，海湾之秀科威特，沙漠之巅阿联酋，半岛明珠之国卡塔尔，波斯湾霍尔木兹海峡守门人阿曼，万湖之国白俄罗斯，欧亚十字路口土耳其，流着奶和蜜之地以色列，欧洲粮仓乌克兰，亚平宁半岛上的文化巅峰意大利，阿尔卑斯之巅的瑞士，玫瑰之国保加利亚，与灵魂对话的思辨之国德意志，欧洲文化殿堂法兰西，欧洲客厅比利时，郁金香之国荷兰，热情如火的西班牙，还有正在脱欧的绅士国度英国，北非金字塔之国埃及，非洲屋脊奉马蹄莲为国花的埃塞俄比亚，香草大岛之国马达加斯加，等等。

沿着海上丝绸之路，我们会领略丛林花园之国马来西亚，花园国度新加坡，千岛之国菲律宾，赤道翡翠之国印度尼西亚；沿澜沧江一路南下，我们不曾相忘澜湄泽润之国越南，千佛之国泰国，高棉的微笑之国柬埔寨，万象之都老挝，印度洋上明珠之国斯里兰卡，印度洋上的明星和钥匙毛里求斯，堆金积玉之国文莱，追求自由之国东帝汶，印度洋世外桃源马尔代夫，骑在羊背上的国家澳大利亚，上帝的后花园新西兰，等等。

"一带一路"沿线国家里，那些千百年来影响了人类与国家、民族命运并与中国曾经有过交往的古今人物，至今还能在教科书、影视剧里看到他们，还能感受到他们在一代一代年轻人身上所生发的影响和魅力。

当然，对于中国人来说，更为熟悉的是丝绸之路的开拓者。曾记否？丝绸之路开拓者中，有汉武帝和他的使节们，有首开大唐盛世的唐太宗及其无数臣民，有再续睦邻通商航海路的宋祖朝廷和无数先贤，还有金戈铁马风漫卷的元代人物，一统江山万里帆的明代人物，环球凉热自清浊的清代人物，东西碰撞溅火花的近代人物，还有经受风雨变迁、勇立海国之志的现代人物，更有丝路明珠敦煌莫高窟的守护者，卫国助邻的将军和通司中外的外交家们。当然，数风流人物，还看今朝，我们不能不浓墨重彩地讴歌那些智通商海，投身到新丝路建设中的当代人物。

耕云播雨，香火延续，智慧传承，历史再续！2100 多年的友好交往历史从未隔断，惠及三大洲的中西交通从未停歇，21 世纪的"中国梦"和"世界梦"汇成了人类命运共同体的时代和弦，响彻在"一带一路"辽阔的长空。也正因如此，2017 年 5 月，北京喜迎来自"一带一路"相关国家的元首、政府首脑、前政要、知名企业家和专家学者等各界代表，以及国际组织的负责人等千名领袖，出席“‘一带一路’国际合作高峰论坛”。“千人盛会”共襄“团结互信、平等互利、包容互鉴、合作共赢”[①]之盛举，共商“沿线各国共同把蛋糕做大，一起分蛋糕”之合作共赢大计。这是中华民族和世界历史上都应该铭记的大日子。

以人物传记写作为己任的中国传记文学学会，在“一带一路”倡议实施中，肩负“讲好一带一路民心相通好故事”的使命和责任，这也是国家赋予我们的根本职责和任务。在中国文学艺术界联合会的领导下，在中国社会科学院国家全球战略智库指导下，中国传记文学学会以赤诚的家国情怀、强烈的时代精神、为人传记的责任担当，在认真调研、周密谋划、精心组织基础上，毅然决定倾注全力组织编写出版“‘一带一路’列国人物传系”。此煌煌百卷传系讲述近千名各国人物故事，集数百位专家作家尽心挥毫，去冬今春，夜以继日……幸得中国出版集团公司华文出版社出版发行。于是，各位读者得以读到手中的这套活泼而不失厚重、有趣而不失学养的列国人物合传书卷。

① 习近平：《弘扬人民友谊，共创美好未来》，2013年9月7日，习近平主席在哈萨克斯坦纳扎尔巴耶夫大学的演讲。

孔子曰："仁者，人也。"让各国的先贤智者的思想光辉，照亮我们探索人类未来的道路。

传记明志，落笔为文，是为总序。

中国传记文学学会会长
"'一带一路'列国人物传系"编委会总主编
王丽 博士
2018 年 3 月 8 日

General Editor's Preface

The Belt and Road Initiative was conceived in 2013. On September 7, 2013, Chinese President Xi Jinping proposed for the first time the blueprint in a speech at Nazarbayev University during his visit to Kazakhstan:

> Over 2,100 years ago during China's Han Dynasty, a Chinese imperial envoy Zhang Qian visited Central Asia twice to open the door to friendly contacts between China and Central Asian countries as well as the transcontinental Silk Road linking East and West, Asia and Europe.
>
> Shaanxi, my home province, is right at the starting point of the ancient Silk Road. Today, as I stand here and look back into history, I could almost hear the camel bells ringing in the mountains and see the wisps of smoke rising

from the desert. It has brought me close to the place I am visiting. Sitting on the ancient Silk Road, Kazakhstan has made important contributions to the exchanges and cooperation between different nations and cultures. This land has witnessed a steady stream of envoys, caravans, travelers, scholars and artisans traveling between the East and the West. The exchanges and mutual learning thus made possible have contributed to the progress of human civilization.

... Countries with differences in race, belief and cultural background are fully capable of sharing peace and development. This is the valuable inspiration we have drawn from the ancient Silk Road.

... To forge closer economic ties, deepen cooperation and expand development opportunities between Eurasian countries, we should innovate the mode of cooperation and jointly build an "economic belt along the Silk Road". [①] Considering the interests of the world commnity, taking a broad and long view and leading the new era, in Astana, President Xi, through the people of Kazakhstan, for the first time issued a declaration to the world that the old Silk Road

① Xi Jinping, *The Governance of China* (Beijing: Foreign Languages Press, 2014) 287.

spirit would once again be rejuvenated and radiant.

On October 3, 2013, President Xi brought up this topic again in his address to the Indonesian Parliament under the title "Jointly Building the 21st Century Maritime Silk Road":

> Southeast Asia has since ancient times been an important hub along the ancient Maritime Silk Road. China will strengthen maritime cooperation with ASEAN countries to make good use of the China-ASEAN Maritime Cooperation Fund set up by the Chinese government and vigorously develop maritime partnership in a joint effort to build the Maritime Silk Road of the 21st century. China is ready to expand its practical cooperation with ASEAN countries across the board, supplying each other's needs and complementing each other's strengths, with a view to jointly seizing opportunities and meeting challenges for the benefit of common development and prosperity. ①

The two talks framed the full picture of the

① Xi Jinping, *The Governance of China* (Beijing: Foreign Languages Press, 2014) 293-295.

conceptual "Silk Road Economic Belt" and the "21st Century Maritime Silk Road", which are collectively referred to as "The Belt and Road Initiative". Between September 2013 and August 2016, President Xi visited 37 countries (18 in Asia, 9 in Europe, 3 in Africa, 4 in Latin America and 3 in Oceania), giving a full exposition of the Belt and Road Initiative, from its overall framework to various details. The milieus of peaceful and all-win cooperation, financial integration, trade liberalization, and people-to-people bonds dispel the haze of anti-globalization and inject new vitality to the stagnant world economy.

The Belt and Road Initiative has been received with global enthusiasm. On November 17, 2016, all 193 member states of the United Nations unanimously passed the Resolution No. A/71/9 during the 71st Session of the United Nations General Assembly. This resolution endorsed China's Belt and Road Initiative, encouraged UN member countries to participate in the Initiative, and urged the international community to provide a safe environment for the implementation of the Initiative.

The Belt and Road Initiative is not a solo of China, but a symphony of countries from Asia, Europe, Africa and the rest of the world. By observing the Charter of the United Nations, China adheres to openness and cooperation, harmony and inclusiveness as well as policy coordination in order to bolster mutual political trust, reach cooperation consensus, coordinate development strategies, facilitate trade, and introduce multilateral cooperation mechanisms. China has established partnerships with over 100 countries and international organizations with the goal of jointly building a new Eurasian Land Bridge and developing China–Mongolia–Russia, China–Central Asia–West Asia, China–Pakistan, Bangladesh–China–India–Burma, and China–Indochina Peninsula economic corridors by taking advantage of international transport routes, relying on core cities along the Belt and Road and using key economic industrial parks as cooperation platforms. At sea, the Initiative will focus on jointly building smooth, secure and efficient transport routes connecting major sea ports along the Belt and Road, so as to achieve a closer connection and cooperation between land and sea routes, with the Pacific, Indian and Atlantic Oceans frequented by ships and vessels. Meanwhile, the Asia-Pacific Economic Cooperation

(APEC), the Asia-Europe Meeting (ASEM), the Greater Mekong Subregion (GMS) Economic Cooperation and many other regional cooperation mechanisms have included the Belt and Road Initiative in their relevant resolutions and documents.

We shall never forget the countries along the ancient Silk Road: Kazakhstan, the country visited by the Han Dynasty imperial envoy Zhang Qian; Pakistan, China's friendly neighbor bound by mountains and rivers; Russia, a country symbolized by a double headed eagle; Mongolia, the prairie country; Nepal, the paradise on the Himalayas; India, a land blessed by the holy river Ganges; Iran, a country full of cultural treasures; Iraq, the country where the famous *Code of Hammurabi* originates from; Yemen, the gate to the Red Sea; Saudi Arabia, the kingdom of petroleum; Bahrain, the pearl of the Persian Gulf; Lebanon, a country of cedars; Kuwait, a rising star of the Persian Gulf; United Arab Emirates, a diamond on the desert; Qatar, a gem on the Arabian Peninsula; Oman, the gatekeeper of the Hormuz Strait; Byelorussia, a country with myriad lakes; Turkey, the center of the crossroads of Eurasia; Israel, a country full of milk and honey; Ukraine, the granary of Europe;

Italy, the pinnacle of culture on the Apennine Peninsula; Switzerland, a country in the Alps; Bulgaria, the land of roses; Germany, a home to great minds; France, the cultural palace of Europe; Belgium, the drawing room of Europe; the Netherlands, a garden of tulips; Spain, the land of passion; United Kingdom, the country of gentlemen which is breaking from the EU; Egypt, a country of pyramids in North Africa; Ethiopia, the roof of Africa whose national flower is Calla Lily; Madagascar, the island nation where vanilla grows, and so on.

The Maritime Silk Road links Malaysia, a country of forests and gardens; Singapore, the flowery country; the Philippines, the country of a myriad of islands; and Indonesia, the emerald of the equator. Along the Lantsang River down to the south, we will pass Vietnam, the land nourished by the Mekong River; Thailand, a country of thousands of Buddhist temples; Cambodia, the home to Khmer smiles; Laos, the land of a million elephants; Sri Lanka, a bright pearl in the India Ocean; Mauritius, the shining star and key of the Indian Ocean; Brunei, a kingdom of gold and green; East Timor, a nation of independence; Maldives, a paradise in the India Ocean; Australia, the nation riding on the sheep's back; New

Zealand, the back garden of God, and so forth.

In the countries along the Belt and Road, names of distinguished figures, ancient or modern, who have affected the destiny of mankind, who have rewritten the history of nations, and who have had contacts with China, can still be found in today's textbooks, films and TV shows. We can still feel their enduring influence and charm on generations of young people.

Of course, for the Chinese people, the pioneers of the ancient Silk Road are more familiar. Yet, those who have devoted themselves to the building of the new Silk Road equally deserve our respect. In May 2017 during the Belt and Road Forum for International Cooperation, Beijing welcomed thousands of guests from around the world, including heads of state, heads of government, former politicians, business leaders, experts, scholars, and principals of international organizations. They gathered together in the common spirit of solidarity and mutual trust, equality and mutual benefit, inclusiveness and mutual learning, and win-win cooperation, to discuss how countries along the Belt and Road can work together to make the "pie" bigger and shared by all for mutual benefit.[1] This is a big day that should be remembered as a landmark in the history of the Chinese nation and the world.

The Biography Society of China, which makes it its mission to promote biography writing, shoulders the task and responsibility of telling well the stories of friendly exchanges among people of countries along the Belt and Road. This is also the fundamental duty and task assigned to us by our nation. Therefore, through careful investigation and passionate planning, the Biography Society of China decided to publish a hundred-volume series titled *Remarkable Lives Along the Belt and Road*. This project receives support from the China Federation of Literary and Art Circles and guidance from the National Institute of International Strategy of Chinese Academy of Social Sciences. From last winter till this spring, hundreds of experts were working around the clock on the biographies of a thousand remarkable lives. Here the series is presented to you.

As Confucius said, "Humanity is of humans". Let the lights of those great minds and lives illuminate our future

---

① Xi Jinping, "Promote People-to-People Friendship and Create a Better Future", Speech delivered at the Nazarbayev University, Kazakhstan, September 7, 2013.

path of exploration.

Comments, criticism and suggestions will all be appreciated.

Dr. Wang Li

Chairwoman:

The Biography Society of China

General Editor:

Remarkable Lives Along the Belt and Road

March 8, 2018

目　录

Contents

引　言

成吉思汗（1162—1227），名孛儿只斤·铁木真，蒙古帝国可汗，尊号“成吉思汗”，意为“拥有海洋四方的大酋长”。世界史上杰出的政治家、军事家。1162 年（宋高宗绍兴三十二年，金世宗大定二年）5 月 31 日出生在漠北草原斡难河上游地区（今蒙古国肯特省），1206 年（南宋开禧二年，金泰和六年）春天建立大蒙古国，此后多次发动对外征服战争，并由其继承者们不断扩大版图，最终创建了一个以中国的黄河为中心，东起太平洋，西至多瑙河，北迄西伯利亚，南达波斯湾的高度集权的封建帝国，将人类文明进行了一次大融合。1227 年

（南宋宝庆三年，金正大四年，西夏保义元年）在征伐西夏的时候去世。

成吉思汗是一个在苦难中成长的伟大统治者。在成为可汗之前的孛儿只斤·铁木真本是出生在贵族家庭的骄子，但命运多舛。当年铁木真的父亲也速该是蒙古的大汗，被敌对的塔塔儿部落毒害而亡。当时铁木真只有 9 岁，没有能力和实力继承汗位。而夺得汗位的泰赤乌族为了斩草除根，竟出动全族去抓捕年仅 9 岁的铁木真。铁木真侥幸死里逃生。

顽强的铁木真在几个朋友的扶助下，终于夺回了汗位，一统草原。随后，他放眼世界，不仅征服了周边小国，而且盛名远达欧、亚两洲，为元朝建立打下了坚实的基石。

成吉思汗的一生是人类历史上一部英雄的传奇，他的功绩，彪炳史册。几百年过去，我们不能淡忘他曾经改写的草原和中华大地的历史，不能忘记曾经地跨亚欧的蒙古帝国。望茫茫草原，那里隐隐地还有万马奔腾、铁骑急蹄的声音；听草原牧歌，那里至今传唱着草原英雄的传世故事。

台湾学者马起华说：“成吉思汗是蒙古人乃至黄种人中最伟大的政治家，绝非过誉之辞。”

台湾知名作家柏杨在《中国人史纲》中评价成吉思汗：“铁木真是历史上最伟大的组织家暨军事家之一，

他在政治上和战场上的光辉成就，在20世纪之前，很少有人可跟他媲美。铁木真胸襟开阔，气度恢宏，他用深得人心的公正态度统御他那每天都在膨胀的帝国，高度智慧使他发挥出高度的才能。”

成吉思汗独有的军事才能，将一个政治家的野心淋漓尽致地发挥出来，他四处征战，巩固君权，一步步走上草原霸主之路。他的势力由此壮大了，世界由此改变了，蒙古族也因此在人类历史上写下浓重的一笔。

成吉思汗善于用人，他的部将都是讲信义、有威望的近亲或好友，这样就形成一个利益共同体，他们不是以俸禄和高官为目的，而是知恩图报，效忠大汗。成吉思汗的军队纪律严明、绝对服从、高度团结，军事训练的次数很多，每年都会结合生产举行大规模的围猎训练。成吉思汗在军事谋略上的能力更是在实践中快速提高，最终创造了西征花剌子模的世界级战争典范。可以说，他是智谋与统军才能空前绝后的汗王。

成吉思汗是纯粹的蒙古人、草原人，他的性格中充满了勇猛坚毅，流淌着理性、智慧的因子。他没有故步自封、自以为是，而是用军事手段扫荡了一切敌人，冲破种种阻碍的藩篱。在草原人心里，成吉思汗是天生的统治者，一个征服世界的英雄，而在人类历史上也是这么记录的。

除了军事上的成就，他善于利用宗教统治人们的思想，以达到军事和政治上的集权；他还创制了文字，让蒙古族结束了没有文字的历史；他制定“札撒”（法律），规范了人们的行为准则；他创建了东起太平洋，西至中亚、东欧的黑海海滨，北达西伯利亚，南到南亚大陆的封建帝国，推动了人类历史上又一次民族大融合，实现了世界历史上人类文明的一次大融合；他缔造了“蒙古和平”，促进了东西方的经济、文化交流。诚然，作为一个历史上的传奇人物、马背上的英雄，成吉思汗跟许多中外伟人一样，有他历史的局限性和缺陷。他没有文化，很小就成为逃亡者，为了生存，他杀害了自己的异母兄弟；在部落间进行了残忍的复仇杀戮；在他实现其野心和抱负的道路上，欧亚各国有上亿人蒙受了他和他的子孙带来的战乱和死亡。本书客观、真实地记录了成吉思汗的一生，重点讲述成吉思汗南征北战的历史和在古代丝绸之路上所作出的贡献，是我们进一步了解成吉思汗这位历史巨人、世界征服者的最佳窗口，也对我们探寻古代丝绸之路印记，更好地理解今天“一带一路”建设，具有积极的启示意义。

一、砥砺前行，出身不凡

1. 黄金家族神话

关于蒙古民族的族源和成吉思汗的先祖，一直是个争论不休的问题。

根据汉文史料，早在唐朝时期，在今内蒙古呼伦贝尔一带居住着室韦人（又称为“达怛”），室韦人由许多部落组成，可能是鲜卑人的后裔。《旧唐书》中记载室韦诸部中有一部名“蒙兀室韦”。“蒙兀”即“蒙古”的译音，这是蒙古见于史籍的最早记载。此后，在中国历代史籍中“蒙古”一词有多种写法，如《新唐书》写为“蒙瓦”、《契丹国志》写为“蒙古里”、《辽史》写为“萌古”、《金史》

写为“孟古”，还有“梅古悉”“毛揭室”“盲骨子”“蒙郭勒”“忙豁勒”等。长期以来，蒙古仅仅是一个大部落或氏族，直到成吉思汗统一蒙古高原各部后，它才作为一个新的民族共同体强大起来并以“蒙古”的名称广为人知。汉译用“蒙古”二字，最早见于南宋理宗绍定元年（1228）长春真人丘处机弟子李志常所著《长春真人西游记》一书，此后被《元史》等书沿用，这才形成统一译法。

在古代蒙古语中，“蒙古”的含义究竟是什么，至今仍有多种说法：彭大任《黑鞑事略》认为是“银”；《大英百科全书》认为是“勇士”；札奇斯钦《姚译蒙古秘史》第五十二节附注认为是“永恒的河”；拉施特《史集》则记载“蒙古”的意思是“质朴、孱弱”；道润梯步《新译简注〈蒙古秘史〉》根据蒙古人信仰“长生天”和蒙古语语源考证，认为“蒙古”的含义指“长生”或“永恒”的部族，有一定的道理。

蒙古民族居住在望建河（今额尔古纳河）以东兴安岭之中。这里群山环抱，中间草场丰美。《史集》记载了蒙古族先祖中流传的起源故事：在远古时，蒙古与别部发生战争，失败后只剩两男两女，他们逃到这里繁衍生息，并且给这里起名为“额尔古纳·昆”（意为“险峻的山岭”）。又不知过了多少年，他们的后代越来越多，大家感到地方太狭窄了，于是想走出山谷，开辟新的生存之地。他们集中了许多木柴和煤，又杀了 70 头牛，用整张牛皮制成风箱，然后在山脚下用 70 只风箱同时扇风，吹起熊熊大火，一直把山壁烧熔化，开通了出山之路。于是，他们从山隘中走出来，来到了广阔的原野上。此后，凡是源于额尔古纳·昆的氏族都被称为“蒙古人”。

然而，在《蒙古秘史》中关于蒙古人的先祖还有更具神话色彩的传说。《蒙古秘史》第一段说：“奉天命而生之孛儿帖赤那，其妻豁埃马阑勒，渡腾汲思而来，营于斡难河源之不儿罕哈勒敦。”“孛儿帖赤那”意为“苍色的狼”，“豁埃马阑勒”意为“惨白色的鹿”。实际上所谓狼和鹿不过是以动物名称取名的两个人物，正如汉族取名为“张大虎”“王金龙”等一样。其中是否有图腾时代的影响，尚有争论。这位苍狼先生是受九天之命而降生的，他和妻子白鹿夫人渡过叫作“腾汲思”的湖水，定居在斡难河（今鄂嫩河）源头的不儿罕山。

蒙古传说中的苍狼和白鹿雕塑

苍狼先生和白

鹿夫人繁衍的后代子孙都被称为“黄金家族”。“黄金家族”这个称号是在17世纪的《蒙古源流》《黄金史纲》等史籍中出现的，是蒙古人对成吉思汗家族的美称。又因成吉思汗家族在长达7个半世纪的时间里统治着蒙古，故蒙古人心中就形成了只有“黄金家族”的人才能继承汗位的观念。

苍狼与白鹿的故事发生100多年后，蒙古部落进入朵奔蔑儿干时代，“朵奔蔑儿干”的字面意思就是擅长射猎者朵奔，朵奔应该是蒙古族有文字以来最早的英雄了。

朵奔有个哥哥叫都娃锁豁儿，因为长有三只眼，第三只眼能看见常人看不到的地方，所以他总能顺利地捕捉到猎物，兄弟俩也因此生活得很富裕，都娃锁豁儿还有4个儿子。一天，兄弟俩骑马爬上不儿罕山山腰，朵奔勒马停下，就向哥哥抱怨：“今天可没好兆头，我的马差点在露水重的草地上滑倒。”

都娃锁豁儿心情却大好，他挥舞着马鞭，大声说道：“那可真不一定，朵奔，我看到山下有一队马车通过，有个俊秀的女子站在车帐前，将她抢来给你做新娘怎样？”

朵奔笑着说：“姑娘再好也不能抢吧，最好找个人去问问，我好准备准备。”

恰好这时，都娃锁豁儿的大儿子正手拿貂鼠骑马过来。都娃锁豁儿急忙对大儿子喊道："孩子，你快去山下的车队前问问，车帐前那位女子可否婚嫁，回来告诉我。"大儿子听后向山下奔去。朵奔和都娃锁豁儿爬到一个岩石上等待。这时天上飞来一只雄鹰，嘴里还叼着一截树枝，都娃锁豁儿大笑道："看来今天真是你的好日子，朵奔！愿长生天保佑我兄弟成就好事！"朵奔望着天上的雄鹰，也喜不自禁。

不多久，都娃锁豁儿的大儿子就奔驰回来，说道："车帐前的女子叫阿阑豁阿，不曾嫁人，长得非常好看。他们是秃马敦人，到不儿罕山来游牧……"还没有等他说完，都娃锁豁儿就拍着朵奔的肩膀，粗鲁地大喊道："妙极了，让我们以长生天的名义去抢劫秃马敦人吧！我的好弟弟可以享福了！"伴着飞扬的尘土，朵奔一马当先，带上几个随从，拦住了秃马敦人的去路。

秃马敦的族长豁里剌儿台蔑儿干见来者不善，迎上前去喊道："你们想要什么？我可以满足你们的要求。"一脸凶煞的都娃锁豁儿脱口而出："留下车帐前的女子做我兄弟朵奔的妻子，如此我们便可世代友好，否则只能兵刃相见。"坐在车帐前的阿阑豁阿浑身一颤，两眼紧紧盯着族长豁里剌儿台，双方目光交接，传递着信息。豁里剌儿台笑着大声说："这个不是我说了算，我的阿阑自己答应了，我便可成全这桩美事。"

朵奔一直悄悄盯着阿阑豁阿，发现她的眼神并没有抗拒之意，于是轻快地走过去，含笑地看着阿阑豁阿，问道："美丽的人儿，我朵奔的身份和脸面可配得上你？"阿阑豁阿看了朵奔一眼，心中马上对他的英俊和潇洒产生了好感。她低下头默默无语，但心中的喜悦已经表露在了脸上。于是，豁里剌儿台当即宣布："让阿阑豁阿美人随朵奔去，相信长生天会让他们成为天下的福人。"就这样，朵奔带着阿阑豁阿回营帐去了。

朵奔和阿阑豁阿成婚后，很快便生了5个儿子。朵奔的第五子叫孛端察儿，即也速该的氏族祖先（已经没有任何神话色彩）。在这5个孩子中，孛端察儿最为笨拙，相貌也最差，其他孩子都看不起他。阿阑豁

阿阑豁阿雕塑

阿去世后，他们将家产分成4份，单单撇下了孛端察儿。就这样，相貌最差的孛端察儿成为一个孤苦伶仃、无家可归之人，以游牧为生，一个人在大森林中生活了几年。后来，他的哥哥不忽合塔吉突然想起父亲让他们兄弟团结一心的教诲，于是沿着斡难河一路寻找孛端察儿的住所。找了好几天，终于找到了孛端察儿，不忽合塔吉带他返回营地。半路上，孛端察儿忽然请求哥哥去抢劫兀良哈人，并且一直念叨了好几遍，不忽合塔吉觉得弟弟非常认真，便听取了他的话，决定去抢劫兀良哈人。

这次劫掠使他们获得了大量财宝，孛端察儿和他的兄弟们都变成了富有的奴隶主。孛端察儿还在劫获的兀良哈人中得到一个女子，这个女子没过几个月就生了遗腹子，起名为札只剌歹，他就是后来蒙古部另一部族扎答阑氏的祖先（参见张云飞编著：《天命大汗成吉思汗》，内蒙古人民出版社2009年版）。

后来，孛端察儿又娶了一名正室夫人，这位夫人为黄金家族添了3个儿子。

孛端察儿是也速该的九世祖，也速该的七世祖时进入了土敦蔑年时期。土敦蔑年早逝，留下7个儿子却无一成才，因为土敦蔑年的夫人莫拿伦是个无情、残暴的人，她同许多部落建立了姻亲关系，并贪婪地到处搜刮财富，她常常让人将牛羊赶到山上清点，但是没人能将牛羊数量点清。

有一天，莫拿伦正坐在帐中享受美味佳肴，突然有人来报札剌亦儿人损坏了她儿子的驯马场，她愤怒地指使部众驾战车左右横冲，将许多札剌亦儿人碾死。札剌亦儿人索性与之决战，抢走了她的牲畜。莫拿伦的儿子得到消息后，披挂战甲就上马追赶，眼看就要追上了，札剌亦儿首领暗自思量：莫拿伦家族人多势众，逃是逃不掉的。于是，他一不做二不休，下令将莫拿伦的6个儿子全部杀死，回头又将莫拿伦及其族人全部斩杀，只有莫拿伦年幼的孙子海都，被扔进枯草棚保全了性命。

莫拿伦的第七子纳真因在八剌忽氏家做女婿也保全了性命。当纳真回来时，看到家里只剩下幼小的海都缩在草地上睡觉，旁边的10个老奴也在打盹儿。纳真立刻带上老奴和海都去追赶敌人。在追上札剌亦儿人后，悲愤的纳真杀死了他们的首领父子二人，抢回了一只狩猎的雄鹰。他们继续追赶，直到追到八剌忽地才停止（参见张云飞编著：《天命大汗 成吉思汗》，内蒙古人民出版社2009年版）。

此后，纳真一心一意抚养海都。海都十几岁时，已是相貌不凡、英勇善战。纳真带领他的部众拥立海都为首领。海都成为首领之后，第一件事就是讨伐札剌亦儿人，将自己的仇敌彻底消灭，使札剌亦儿人成了海都家族的世袭奴隶。后来，纳真带领一支人马离开海都到斡难河流域放牧，这支人马渐渐演变成蒙古草原上叱咤风云的两个部落——兀鲁兀部和忙忽部。海都有 3 个儿子，他们之后也都成了蒙古部各支部族的首领。海都的长子伯升豁儿有个儿子，名叫屯必乃。屯必乃从小聪颖过人，而且武艺超群。大家都认为屯必乃是家族中最好的继承人，他与泰赤乌部联合，逐步形成了一个实力强大的草原部族，与草原西部的各部相呼应。屯必乃年迈之时，他的第六子合不勒继承汗位，即著名的合不勒汗。

在草原群雄中，合不勒汗不断与各部族作战，使部族进入了兴盛时期。合不勒汗有 7 子，其中第二子的子孙形成了后来的乞颜部孛儿只斤氏。正是从这一代开始，蒙古草原上的原始氏族社会实行的部落首领推举制，开始向汗权世袭制转变。

有一次，金国皇帝熙宗宴请合不勒汗。席间，合不勒汗觉得其中有诈，于是假装要去小解，到外面偷偷地将吃下的饭菜和咽下的酒水都吐了出来，然后若无其事地回到宴席上。主人继续劝酒，最后，合不勒汗还是喝醉了，竟然在宴席上跳起了蒙古舞，而后又拉着金熙宗的胡子大喊大叫。

金熙宗在宴席上不便发作，一直忍耐着。宴后，合不勒汗扬长而去。大臣们都认为合不勒汗这样做是对大金皇帝的不敬。为了挽回自己的颜面，金熙宗马上派人追赶。合不勒汗见金人追来，觉得事有蹊跷，便马不停蹄地往自己的驻地三河源头奔去。

可是，还没等合不勒汗缓过神来，金国的使者又接踵而至，强行绑他回朝复命。当天晚上，金使一行人在途中找了一户人家安歇下来。这户人家不是别人，正是合不勒汗的义兄撒勒只兀台。他得知其中原委后，悄悄地将合不勒汗放走了。惊慌失措的合不勒汗一口气跑回家，躲在儿媳的帐中。

当金使再次追来时，合不勒汗只好将金使杀死，并整顿军队与金兵大战一场，金兵败归，由此蒙、金就结下了仇恨。

合不勒汗去世后，泰赤乌部的俺巴孩遵其遗愿继任蒙古首领。年少勇武的俺巴孩即位后，想要与强大的塔塔儿部联姻，却遭到塔塔儿部的暗算。塔塔儿部将俺巴孩汗押送到金国，俺巴孩汗被金国皇帝钉在木驴上，颠震而死。此后，蒙、金两国便势不两立。

金国有一个俺巴孩汗的好友，他敬佩俺巴孩汗，将其随从偷偷放回。这个随从回到蒙古部，传达了俺巴孩汗的遗旨，并推举其第五子忽图剌继承汗位。

出于对塔塔儿部和金国的仇恨，忽图剌继位后对塔塔儿部发动了大小共 13 次战争，并在金熙宗皇统七年（1147）攻入金国边境。忽图剌汗一生都没有停止战争，他死后一段时期大汗之位无人继承，趁此时机，金朝不断发兵蒙古，三年一小剿，五年一大杀，蒙古部陷入危难之境。

就在那时，也速该把阿秃儿（简称也速该）出现了，他是合不勒汗的嫡孙、忽图剌的侄子，也就是后来赫赫有名的成吉思汗的父亲。他英勇善战，有“蒙古部落第一勇士”的称号。作为黄金家族的一员，也速该成了蒙古部落的新首领，带领蒙古部落渐渐从困境中走出来（参见张云飞编著 :《天命大汗 成吉思汗》，内蒙古人民出版社 2009 年版）。

2. 父亲被毒死

在历史舞台上，蒙古高原向来是游牧民族的必争之地，可以说蒙古高原是他们用来扩张领土的根据地。他们一直不断地进行战争，用武力追求统一的方式，谋求部族的安宁和强大，这就需要一个伟大的人物能够带领子民们来实现这个目标。这是一个民族的根本利益所在，也是一个国家的人民的共同利益所在。蒙古族人在他们一统蒙古高原之后，就以此为核心，开始向南、向西发展势力。自古游牧民族通常都是这样的，如匈奴、乌桓、鲜卑、柔然、突厥、回纥、契丹、蒙古及后来的女真，无一例外。

然而历史是残酷的，每个时代的引领者也是有限的，像成吉思汗及其世袭者们一样有机会参与到这一领袖竞争中来的不过寥寥数人，而成功者只有一位。谁能成为最后的王者，就要看他各方面的条件和才干了，今天看来，成吉思汗就是这样一位伟人。

成吉思汗之前的蒙古族还保留着族外婚的习俗，这是因为蒙古人在经过了母系氏族阶段之后，进入了父系氏族社会，以父亲的血缘为基准，同族内的人禁止婚配。以共同的男人为祖先的人组成自己的血缘集团，称为姓氏（蒙语为“斡巴黑”）。这样一代代繁衍下去，形成了众多的姓氏族群，每个姓氏族群都保持血缘的纯洁性，并明确姓氏族谱，以世代相传。《史集》中记载：蒙族以部落姓氏教导孩子，让他们从小就知道自己部落的姓氏和起源。

蒙古族还保留了传统的抢婚习俗。铁木真的母亲月伦（诃额伦），是一位有智慧、有胆识的女性。诃额伦出身于翁吉剌部的斡勒忽讷兀部，《元史》记载说她是也速该从蔑儿乞人那里抢来的新娘。

事情是这样的：一天，年轻的也速该正在斡难河畔训练猎鹰，忽然他看见蔑儿乞部的也客赤列都骑着马过来了，原来是也客赤列都刚从斡勒忽讷兀部娶了妻子，这名女子正是诃额伦。也速该一眼瞥见那新娘长得美丽至极，他立刻跃身上马，回家叫他的哥哥捏坤太石和弟弟答里台斡赤斤（简称答里台）来帮他抢这个美丽的新娘。

3 匹悍马载着 3 个精壮的男子飞奔而来，也客赤列都心里不禁一惊，赶紧骑马往一座小山上跑去，也速该兄弟 3 人紧追不舍。也客赤列都在山上绕了一圈后，又来到他妻子的车跟前。这位很有智慧和魄力的女人立马镇静下来，对丈夫说："那 3 个人穷凶极恶，为了保全你的性命，不要顾及我了。若你有幸活了下来，心里还想着我，就让你的新娘叫我的名字吧！"说完将衣衫脱下扔给他，也客赤列都接下衣衫疾驰而去。也速该 3 人最终也没有追上也客赤列都，便打马回到诃额伦车前（参见张云飞编著：《天命大汗 成吉思汗》，内蒙古人民出版社 2009 年版）。

也速该得到了美貌的夫人，自然十分得意。诃额伦伤心过后马上振作起来，从此忠诚地守护着也速该，为他抚养教育了几个名扬部族内外的子孙。

1162 年秋，也速该带领部族同塔塔儿部展开激战，也速该用计谋降服了塔塔儿部首领铁木真，并获得大量财物。当他满怀喜悦地回到翰难河边的帖里温陀山营地时，他的第一个儿子诞生了。也速该为了庆祝这场战争给自己带来的好运，以俘虏的塔塔儿部首领之名为儿子命名，也就是孛儿只斤·铁木真。

相传，铁木真出生的前一天晚上，母亲诃额伦在

孛儿只斤·铁木真

睡梦中看见一颗金星从毡房的天窗上落下来，落进灶膛里，照亮了整个毡房。随着光束越来越强，光线中出现了一个身穿战甲、骑着白马的武士，他朝诃额伦微微地笑着，轻轻抚摸着她的腹部。后来，蒙古各部落的人都认为金星落地是天意，于是便有了祭天的习俗。据说，铁木真出生这天，斡难河畔的迭里温孛勒答合下了一场“乳雨”，这是一种洁白、透明的雨，连云彩也是白的。雨过天晴，天边出现了一道银白色的长虹，长虹两端延伸到天的两极，久久不散。历史上，这道长虹不只被草原上的 99 个部落所看到，还同时被宋、金、辽、夏各国的天台司观测到了。这场雨下过之后，斡难河的水变得清澈透明，沁人心脾，鱼儿欢快地游着，花草上挂满银色露珠，整个草原显得晶莹透亮，没有一丝杂质，这种景象整整持续了 3 天。更神奇的是，铁木真出生时手握血块，这在草原上是吉祥的征兆。

此后，诃额伦又为也速该生下三子一女：合撒儿、合赤温、斡赤斤和帖木仑。其他的妻子则为也速该生下了两个儿子：别克帖儿和别勒古台。

铁木真天生聪颖，在父亲的教导下，刚满5岁就已经学会了骑马和射箭。他从小就立下誓言：我要做最好的骑手和最好的射手！

1167年3月，也速该向各部下达了围猎的命令。5岁的铁木真随父亲一道，参加了蒙古部20多个氏族的群体围猎，这是他第一次参加这样的活动。蒙古人的围猎，如同一场声势浩大的战争，场面壮观，往往是几十人、几百人，甚至上千人参加。在狩猎中，人们要按照一定的单位和战术组织起来，听从统一指挥，既演习战术，又鼓舞士气。

出发的那一天，铁木真身穿羔羊皮小蒙古袍，头戴青缎子披巾，脚穿青鼠皮靴，牵着白马，肩挎父亲为他特制的小弓箭，腰里别着一根打猎用的灌了铅的木棒，在仆人蒙力克的帮助下，上马随父而行。

狩猎队伍携带好猎具，牵着勇犬，骑马逆风而行。发现猎物后，猎队会加速追赶，等到距离猎物较近时，向猎物放箭或投掷，这一系列动作需要矫健的身手和灵活的反应，要求准确度高、动作连贯，此时的猎队正像是在战斗中。到了晚上，猎手们会点燃火把，将猎物层层围困在中间，然后慢慢缩小包围圈，猎物会因为恐慌而互相扑食，这时首领会部署好捕猎细节，第一个冲上去猎杀野兽，因此这种狩猎方式是非常有效的练兵方法。经过有效的部署，也速该带领各氏族首领首先冲进猎场，其他人则在指定地点举旗呐喊、助威。

铁木真紧随父亲，骑着白马，手举猎棒飞驰而进。正当也速该嘱咐儿子先学着射猎黄羊的时候，一只小狼崽子突然从铁木真的小白马身下蹿了出来，号叫着向前冲去。小白马受惊，往旁边一闪，马背上的铁木真一下子被甩了出去，很巧的是铁木真快落地时正好重重地砸在小狼崽子身上，此时的他竟还紧紧地握着马缰。虽然受了点惊吓，但当他得知小狼崽子已经在他的身下断气了之后，他便很快镇定下来，像大人一样擦了擦脸上的汗污，抖了抖衣服上的灰尘，站了起来。也速该见到儿子的表现，也不住地点头（参见张云飞编著：《天命大汗 成吉思汗》，内蒙古人民出版社 2009 年版）。

光阴似箭，岁月如梭，转眼间铁木真已经 9 岁了。蒙古的青年订婚是很早的，也速该开始考虑为铁木真寻求未婚妻了。跟诃额伦夫人商量后，也速该决定带着铁木真到诃额伦的娘家翁吉剌部下属的斡勒忽讷兀部去为铁木真寻求未婚妻。

也速该父子骑马在草原上整整跑了一天，在黄昏时分来到扯克彻儿山和赤忽儿忽山之间，遇到住在此地的翁吉剌部的另一位首领德薛禅。德薛禅见也速该父子前来，便询问道：“你们父子二人来这里有什么事情吗？”也速该答道：“我将前往翁吉剌部为我儿子寻找未婚妻。”德薛禅听完，把视线投射到铁木真的脸上，看了一阵，指着铁木真对也速该说：“这孩子的眼睛闪着火焰一样的光芒，脸上流露出一股英雄气概，是一个难得的好孩子啊！”在翁吉剌部落里，德薛禅是一位很有学问、有见识的老者，他说出的每一句话，历来都是很有分量的。

也速该听德薛禅对儿子如此夸奖，非常高兴，遂将铁木真出生时的情景讲给德薛禅听。德薛禅听罢，若有所思地说：“怪不得我昨晚做了一个特别奇怪的梦，梦见一只白色的老鹰，两条腿夹着太阳和月亮飞到我手上来。我吃了一惊，睁开眼睛醒来，就一直想，今天也许会碰到贵人呢！这不，果然碰上了你。现在天已经黑了，还是请你到我帐里休息一晚吧。”说完，不容也速该拒绝就把他拉入自己的毡帐中。

坐定后，德薛禅问道：“方才听你说是为了给儿子找个未婚妻而来，是不是？你知道我们翁吉剌部向来是以美女多出名的，我们可不像你们喜欢弯弓射箭的，我们过着一种平静日子，尽心教养女子，等到新的可汗来寻找未婚妻，便挑选出一位美丽、贤淑的女子，将她许配给可汗，从此陪伴在他身边。我家里也有一个很漂亮的女儿。”德薛禅带着得意的神情，继续对也速该说，“我女儿是一个很不平常的美人呢，这孩子不但性情温柔，而且举止大方，但可有一样，只要是我看不上眼的男孩儿，不管他拿多少聘礼来请求，我也是不肯轻易许婚的！刚才看到你的儿子，我觉得他与我的女儿很般配。”说着就大喊着孛儿帖。

伴随着清脆的应答声，从帐后转出来一个漂亮大方的少女，她款款地向这边走了过来。也速该瞟了一眼孛儿帖，心中暗喜。的确，孛儿帖非常美丽，小小年纪，已饶有风韵。也速该父子二人当夜便宿于德薛禅家。

诃额仑与孛儿帖雕像

第二天早上，也速该便正式向德薛禅为子求婚，然而，德薛禅是一个审慎而有心计的人，他知道，在这种场合，既不能卖关子让对方一再要求，也不应该过早地首肯。虽然蒙古人习惯于早婚，但孛儿帖毕竟才 10 岁，还是个小姑娘。经过一番反复权衡考虑后，他提出一个折中的方法。他对也速该说："我同意将女儿嫁到你家，但需要先留下你儿子在我家里做女婿。"也速该同意了这一提议。

第二天早晨，也速该告别德薛禅一家，扬鞭打马，独自走在回家的路上。在途中，他遇上了塔塔儿部摆设酒席。按照当地人的习俗，在草原上遇到了筵席就要下马，以示礼貌。尽管蒙古部与塔塔儿部有世仇，但草原见席下马的规矩谁也不能破，也速该作为一个部族首领，自然要遵守。在宴席上，塔塔儿人认出了也速该，就热情地邀请他入席，也速该按照习俗，入席饮酒吃肉。不料，阴险的塔塔儿人暗将慢性毒药放在食物中，又在送行酒中下了剧毒。也速该不明就里，吃肉喝酒，没想到自己已是在劫难逃了。

也速该在回家的路上，腹部突然剧痛，他立刻意识到自己被塔塔儿人暗算了，勉强支撑着到了家，一下从马上摔了下来。夫人诃额伦请最出名的巫师施法治疗，仍不见好转。又让仆人上山采药，她亲自熬汤解毒，然而毒药已深入内脏，无法解救。也速该知道自己将不久于人世，示意家仆蒙力克来到身边，让他把铁木真叫回来，并嘱咐蒙力克要他照顾幼小的孩子和诃额伦。不久，也速该便带着不舍和遗憾离世了！

蒙力克受命立刻赶往德薛禅家，以也速该夫妇思念儿子为由要求将其带回，德薛禅察觉到了事情的不平常，当天就备了几匹快马，送他们离去。等铁木真快马加鞭地回到家中，父亲已经毒发身亡了。铁木真悲痛不已，母亲诃额伦却严肃地站在铁木真面前，向他传达了也速该的遗命：为父报仇，踏平塔塔儿，将所有高过车轮的男子全部杀掉（参见陈秋帆编著：《世界伟人传记：成吉思汗》，北方妇女儿童出版社 2007 年版）。

3. 部族四分五裂

父亲的突然过世，点燃了铁木真心中的仇恨，他要完成父亲的遗命，征服敌人。

“你放心吧，母亲，我一定会亲手为父亲报仇的！”铁木真跪在母亲面前，坚定地起誓。诃额伦夫人欣慰地看着铁木真，她知道这个孩子生来不凡，定能成就一番大业。

铁木真才 9 岁，没有力量跟别人抗衡，他的叔叔额济声望不够高，无法继承也速该的地位。部落出现了群龙无首的局面，很多人选择了离开，就连也速该忠诚的手下也离开了诃额伦母子。也速该英勇善战，生前立下赫赫战功，人们尊称他为也速该·巴特尔，巴特尔的意思是“勇者”。

泰赤乌族是也速该在世时归顺的，也速该死后，泰赤乌族首领塔儿忽台带了自己部族的人和马渡河而去。听到这一消息，年近60的老部将恰拉卡，深念也速该的恩泽，便骑马追去，想挽留住他们。

恰拉卡终于追上了泰赤乌族的人马，他向塔儿忽台大声喊道：“塔儿忽台，请等一下！难道你忘了也速该对我们的恩泽了吗？他虽然死了，可他的亡灵一直在天上注视着我们哪！”塔儿忽台像是铁了心了，他回答道：“也速该再也无法庇佑我们了，我们要去寻找更强大的首领，你要是心中不服，就对风去说吧！”

恰拉卡生气地说：“铁木真已经9岁了，再过6年就15岁了，到时候你愿意做他的敌人吗？”

“哈哈，打败一个小孩还不是件很容易的事？！”

恰拉卡听到这话，气得脸都青了，口中直骂塔儿忽台没良心。

“你个老头，我看你还是去找也速该，和他做伴去吧！”只见塔儿忽台突然拔出刀砍向恰拉卡。恰拉卡的马惊得跳了起来，救了恰拉卡一命，但恰拉卡还是受了重伤，马驮着重伤的恰拉卡跑回了部落。蒙古族人看到受重伤的恰拉卡，得知泰赤乌族已经背叛他们，心里又痛又恨。得知恰拉卡回来，诃额伦夫人立刻让铁木真过来商议部落的事情（参见皮波人物国际名人研究中心编著：《中小学课本里的名人传记丛书：成吉思汗》，国际文化出版公司 2012 年版）。

见到铁木真，恰拉卡不顾重伤赶紧爬起来，庄重地对铁木真留下遗言："我即将不久于人世，去和你那伟大的父亲团聚。你不要伤心，因为蒙古部族现在正四分五裂，虽然你现在还小，无法控制局面，但是你一定要快快长大，保护你的亲人和蒙古部落，为你的父亲报仇！"说完，恰拉卡撒手人寰，铁木真痛哭不已。

部落的牛羊全都不见了，余下的部将看到铁木真家族没有可以领导大家的人，也纷纷散了，还带走了铁木真家的牛羊。诃额伦只好带着所有子女沿着斡难河流浪，孩子们抓鱼、捕鼠为食，以野菜、草根充饥。尽管生活艰难，但诃额伦从未向生活屈服过，她满怀希望地盼着铁木真长大，成为蒙古的勇士，为也速该报仇。

"孩子们快快长大，好向塔塔儿人和泰赤乌族复仇！"诃额伦每天在搭盖的小屋中对他的子女们说这句话。铁木真每每都会安慰母亲道："放心吧，母亲，我们兄弟马上就会长大，到时候一定手刃敌人！"

初夏的一天，突然跑来一个额济因的部下，他浑身是血，慌张地对诃额伦一家说："泰赤乌族突袭了额济因的部落，逼问铁木真的下落，还把额济因抓走了。你们快逃，他们不会放过铁木真的！”说完就咽气了。

诃额伦忙叫铁木真逃走，她说：“泰赤乌族背叛了我们，现在还要抓你，他们是不讲道义的人，你快逃走，一直往远处走，我相信太阳和月亮会保护你的。”

“可是，母亲，这个时候我怎能丢下你们呢？”铁木真焦急地说。

“不要担心我们，他们现在铁了心要你的命，你是我们全家的希望，一定要保住性命，以后为你的父亲报仇，振兴蒙古族，快点走吧！”铁木真听了母亲的话，拿上佩刀和弓箭，就跃马而去（参见陈泽华编：《信仰的力量：成吉思汗》，吉林教育出版社 2013 年版）。

他骑马一路奔过斡难河，又穿越了几座高山，进了肯特山的丛林里。这里的丛林长在500多米的高地上，松树密布，白天浓荫遮蔽，光线昏暗，晚上更是寒气逼人。这里的山壁被沙漠的风沙吹打得光秃秃的，只有夜色里阵阵清风送来的野百合香气能让人感到一丝生机。

越深入森林，草木越茂盛。铁木真打开行囊，拿出母亲为他准备的食物充饥。两天来，他一直都在分不清方向的森林中乱窜。这样过了 3 天，粮食已经吃得差不多了，铁木真再也按捺不住，他决定还是沿着原路回去，但他的马遇到前面的一块白石后，便不肯前行，铁木真认为这可能是神的旨意，他决定再回到森林里去。

这样又在森林中待了 3 天，铁木真饥肠辘辘，一点力气也没有，如果再这样下去，自己不是饿死，就是被野兽吃了。与其在森林里饿死或成为野兽的口中食，还不如被敌人杀死。他又艰难地爬起来，趁着夜色，策马走出森林。可是走到有白石的地方，马依然不肯前进。铁木真拔出佩刀，把密生的树枝砍掉，他这才看到，泰赤乌人已经列队在森林的唯一出口，正等着他跑出去呢。

铁木真无路可走，最后终于被泰赤乌族抓到。他们带着他游街示众，最后铁木真被带到首领的面前。

“小鬼，如果饿了的话，就吃这个吧！”塔儿忽台奸猾地笑着，把一只正滴着血的野鼠拿到铁木真眼前。

“我是蒙古族英雄的儿子，这种东西我宁死也不吃。”铁木真还没说完，塔儿忽台就挥着马鞭抽打这年幼孩子的面颊，鲜血从他的脸上流了出来，铁木真忍痛咬紧了牙根。

铁木真心想，他不久就要死掉了。他想到勇敢的父亲、慈祥的母亲，他们曾经告诉过他有关祖先的英雄事迹，他们一一浮现在他的脑海中。铁木真并不怕死，可是自己死后母亲将怎样活下去呢？这才是他唯一的牵挂。

4. 死里逃生

时值初夏，这天，泰赤乌人在斡难河上大摆宴席，热闹一天，傍晚时才尽兴而归。看守铁木真的是个不算强壮的年轻人。铁木真估摸着看守人的力量，心里盘算着怎么对付他。夜色越来越深了，趁着泰赤乌人鼾睡之际，铁木真瞅准了机会，将铐在脖子上的木枷向看守人的脑袋砸去，这一下又快又准，看守人直接躺倒在地上。铁木真一看得手，马上逃了出去。但是这里并没有藏身之处，自己也没有马匹，他跑了一段，仔细想了一下，就果断地跳入斡难河中，正好利用木枷做浮子，让自己露出面部呼吸。

被撞晕的看守人没过多久就醒了过来，他大叫着："铁木真跑了，铁木真跑了……"泰赤乌人听到铁木真跑了，立刻打起了精神，部族的人全部集合起来，分头寻找铁木真的下落。

泰赤乌人搜遍了河边的树林，也没见铁木真的踪影。这时，速勒都孙氏的锁儿罕失刺向斡难河边走过去，他沿着河岸走，很快就发现了藏在水里的铁木真，铁木真紧张极了，但锁儿罕失刺并没有要揭发他的意思，他若无其事地站在铁木真旁边说："我真敬佩你是个汉子，藏在这种地方，还真有见识，今日当我没看见你，我只是个奴隶，并不想为泰赤乌人卖命，你先这样静静待着吧！”

这时，锁儿罕失剌看到一些泰赤乌人朝这边走过来，便有意支开他们，说道：“铁木真都跑了半天了，天黑得什么也看不到，这都找了一圈了，也没见个踪影，还是回去看看有没有漏过的地方吧！”大伙听了觉得有道理，夜色太黑，大伙在附近的地方找了找就回去了。

等到没人的时候，锁儿罕失剌悄悄地来到河岸边找到铁木真，对他说：“泰赤乌人都走了，你等夜再深些，周围没有声音的时候赶紧逃走吧，千万不要跟其他人说我见过你。”说完这些，锁儿罕失剌就赶紧回去了。

锁儿罕失剌在铁木真逃跑前的几天，一直负责看守他，铁木真就被关在锁儿罕失剌家里。锁儿罕失剌的两个儿子沈白、赤老温和铁木真幼时就相识，看到铁木真被俘，他们很伤心。哥俩晚上会偷偷解开铁木真的木枷，让他好好休息，白天还陪他说话。铁木真从河里上来之后，怕带着木枷走不远，索性往锁儿罕失剌家逃去，这是唯一的希望了。

锁儿罕失剌因为铁木真的事忙到了半夜，刚要睡下，突然看到一个浑身是水、带着木枷的人出现在他面前，原来是铁木真。锁儿罕失剌大惊失色，急忙起身观察了一下帐外，然后小声对铁木真说：“我不是说了让你赶紧离开吗？你怎么没走？”沈白、赤老温为铁木真的到来感到兴奋，又怕父亲不留他，于是央求道：“雀儿被鹰鹊追赶，丛草尚能救护，被穷追的鸟儿逃到猎人怀里，猎人还不杀它。铁木真是神母阿阑所说的红发蓝眼的人，是上天的苗裔，今天他走投无路，前来投奔，我们如不救他，那就违背了神母的意愿，也丢掉了我们草原救难扶危的美德。”（参见龚愚铭著：《元太祖成吉思汗全传》，企业管理出版社 2012 年版）

锁儿罕失剌终于同意将铁木真藏起来，他们一起把木枷取下扔到火炉中烧掉，然后让铁木真睡到盛满羊毛的车里，并让女儿合答安照顾他，不许对任何人提起。

蒙古族当时有“遇客婚”的习俗，即家中来了客人，就让家里的女儿去陪，以示对客人的好意。合答安与铁木真自小便相识，现在也已长成美貌的少女了。在这个情窦初开的年纪，两人在亲密的相处中产生了感情，铁木真还对合答安许下“日后若能活下来，必娶你为妻”的承诺，这也是铁木真终生不能忘却的事，直到铁木真年近 40 时终于实现了儿时的诺言。

3 天后，泰赤乌人因为找不到铁木真，便怀疑自己部落里有人藏匿，于是塔儿忽台下令挨家挨户地搜查。他们很快就查到了锁儿罕失剌的营帐，搜查了马车、帐篷，还有床，最后来到了帐篷后的羊毛车，两个人跳上去将羊毛扔下来。锁儿罕失剌一家人吓坏了，急得像热锅上的蚂蚁。这时，合答安急中生智，连哭带闹地骂他们："大热的天，车里如何能藏人，刚剪的羊毛都被糟蹋了！"锁儿罕失剌也立刻附和说："是啊，这太阳实在是太毒了，我们站在这儿都浑身是汗，更别提这车里边了！"搜查的人满头大汗地看着扔下的半车羊毛，估摸着里边不可能藏人了，就下来去别的地方搜查了。

锁儿罕失剌被这次搜查惊出一身冷汗，看来铁木真不能留在这儿了。他对铁木真说："铁木真，我们全家人不能保护你了，这儿太危险了，你赶紧离开吧！"然后又送给铁木真一匹草黄色的母马，用皮桶盛了一只煮好的帖勒羔羊，装了一背壶马乳。在锁儿罕失剌一家不舍的目光中，铁木真骑马离开了（参见刘屹松著：《成吉思汗全传》，华中科技大学出版社 2016 年版）。

铁木真一路疾驰，回到自己原来的家，但此时那儿只留下一些战斗的痕迹，已经没有了毡房。他只好沿着草地上牛车的痕迹去寻找。他沿着斡难河边而上，一直到乞沐儿合溪又发现了扎营的痕迹，但没有找到母亲和弟弟们，他只好沿着乞沐儿合溪继续寻找。功夫不负苦心人，铁木真终于在偏远的桑沽儿小河边找到了亲人们。

原来，一家人一直在躲避泰赤乌人的追踪，一路辗转才到了桑沽儿小河，在这里搭了毡房住了下来，而家里所有的家当只有 8 匹白骟马和 1 匹秃尾草黄马。为了生活，弟弟们每天都出去打野鼠。

一天中午，母亲领着妹妹刚到家，就见西边扬起了灰尘，妹妹帖木仑大声喊起来 :“妈妈，你看那边怎么扬起那么大的灰尘？”家里只有铁木真在家，他正用松枝做箭，别勒古台骑着那匹秃尾马出去打野鼠了，合撒儿带着两个弟弟也去捞鱼了。铁木真以为是敌人来了，赶紧准备迎敌。

这群人原来是盗贼，他们将家里的 8 匹马全都劫走了，那匹最漂亮的白色骟马是头马，也是铁木真的最爱，但是他们没有办法阻止，因为家里仅剩的一匹劣马也被弟弟别勒古台骑出去了，他们根本无法追上盗马贼。

傍晚时分，别勒古台终于回来了，带回来一马背的野鼠，但一家人却高兴不起来。对于铁木真一家来说，没了马匹就是一场灾难，家人无法继续生活。得知马匹全部被劫走后，别勒古台自告奋勇要去追回（参见霍天威著 :《成吉思汗传》，河北人民出版社 2016 年版）。

合撒儿说 :“你不能去，我去！”

铁木真说 :“你们都不能去，还是我去追！”

说罢，他带上一些路上吃的干粮，骑上秃尾草黄马，循着蹄迹，追了下去。他追呀追呀，一直追了 3 天 3 夜。第四天早晨，在路边马群旁遇到一位伶俐的少年，他

成吉思汗“四杰”之一——博尔术

正在挤马奶。铁木真上前打听白骟马的消息，那少年说：

“今早日出之前，有8匹白骟马从这里被人赶过去了。”他接着对铁木真说：“朋友，男子的艰难都一样，让我给你做伴当吧，我帮你去追！我父亲叫纳忽伯颜（蒙语‘富人’的意思），我是他的独生子，叫博尔术。”于是，他给铁木真换了一匹黑脊白马，自己骑一匹淡黄色快马，把挤奶的皮桶用皮盖盖上，扔在外面，也不回家打招呼，就与铁木真出发了。

他俩循踪追寻，一天傍晚时在一家营地处看到了那 8 匹白骟马。铁木真对博尔术说：

“朋友，你在这里等着，我把马赶过来。”

博尔术听了，说道：“既然一同来了，为什么我要待在这里？”于是他们一同过去把马赶了出来。

营里的人听到外面马蹄声响。出来一看，见抢来的马被人赶跑了，便追了出来。一个骑白马的人手拿套马杆，独自赶上来。博尔术说：

“朋友，把弓箭给我，我射死他。”

铁木真说：“这很危险，你不能为了我受害，我去！”说罢，他迎上前去与之对射。他且射且走，后面的盗贼也陆续赶了上来。此时夕阳已落，天已昏黑，盗贼不知底细。不敢贸然穷追，渐渐被铁木真两人甩远，落在了身后。他们两人赶马走了 3 天，来到博尔术家。铁木真说：

“朋友！如果没有你，我怎会夺回我的马？我分些马给你，你要几匹？”

博尔术说：“我的好朋友，因为看见你受苦难，我才帮助你。我父亲置办的家产，足够我受用，能帮助朋友是一件快乐的事，要是做了好事就希望别人来报答，还有什么意思呢？”

进了博尔术家，博尔术的父亲纳忽伯颜因不知儿子的下落，正在痛哭，忽见儿子归来，真是喜出望外。老人家抹着眼泪责备着儿子。博尔术说：

“父亲，您为什么要这样？我见这位好友受苦难，所以结伴而去，现在不是回来了吗？”说完，他骑马到野外取回皮桶，杀了一只羊羔，煮熟了给铁木真在路上吃，为铁木真送行。纳忽伯颜说：

“你们两位少年，要互助互爱，以后不要相弃了。”

自此，两位互相敬佩的少年结拜为“安答”（结义兄弟），博尔术成了铁木真最忠诚的那可儿（伴当），后来一直追随着他。

铁木真辞行后走了 3 天 3 夜，回到家里。他母亲和弟弟们见他回来，大家欢喜异常。他把路上与博尔术结拜的事说了，母亲说：

“你结拜好朋友，这是一件大好事。”

这是铁木真少年时结交的第一位朋友，当时铁木真 12 岁，博尔术 13 岁。

二、统一部落，蒙古战神

1. 一雪夺妻之恨

前文说到，铁木真是手里握着血块出生的，这是吉祥的象征。对崇尚祥瑞的蒙古人来说，铁木真是天生奇人，是值得追随的英雄。

长大成人的铁木真开始运用他父亲留下的威信，逐渐召集原来的部众，慢慢打开了局面。铁木真召集人马的消息一传开就吸引了众多人前来投靠，者勒蔑（者勒蔑与哲别、速不台、忽必来并称为成吉思汗麾下“四狗”）的父亲札儿赤兀就是听说此事之后，背负风匣远道而来投靠的。据说，他表面上背着打铁

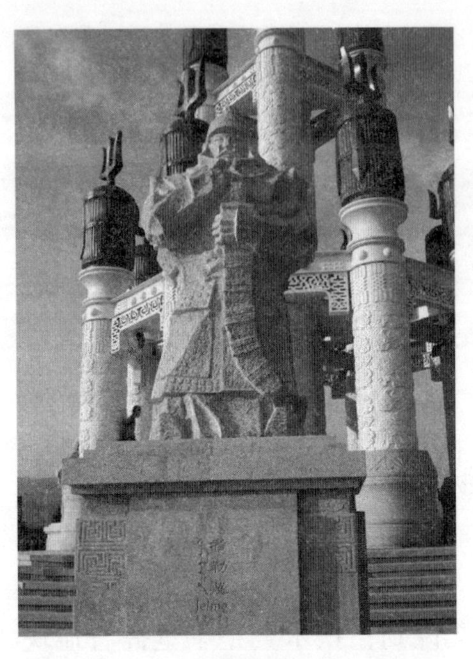

者勒蔑雕像

用的风匣，以向人表示匠人不知政治，但在风匣箱中却藏有貂鼠皮袄。他认为铁木真将来必成大器，所以带来这种贵重的见面礼。他让儿子做铁木真的伴当，以此表示世代子孙都拥戴铁木真为主，他的两个儿子者勒蔑、察孛儿罕，后来都成了铁木真手下的名将。

此时的铁木真已经表现出了很强的领导才能和领袖气质，吸引着各方豪杰为他卖命，只要他振臂一呼，应者云集，很快就形成了一股强大的势力。他的部将中纯粹的蒙古人并不多，很多都是因为倾慕铁木真的威名，抛弃了自己的部落前来归顺的。

铁木真 18 岁的时候，已经到了结婚的年龄。当初是父亲亲自到翁吉剌部去给他提的亲，尽管铁木真的家庭已经是一落千丈，但德薛禅并没有悔婚，在信守诺言方面，他是毫不含糊的。诃额伦觉得是办喜事的时候了，便让铁木真与别勒古台到翁吉剌部迎亲。德薛禅很爽快地把女儿孛儿帖交给了铁木真。女方陪嫁的有一些牛羊，最值钱的是一件珍贵的黑貂鼠皮袄，孛儿帖把它当作见面礼，送给了婆婆。

蔑儿乞部是蒙古的一个古老的部落，住在贝加尔湖以南，是 12 世纪漠北最强大的部落之一。也速该曾经从蔑儿乞人手中抢走了新娘，即铁木真的母亲诃额伦。

1179 年的一个黄昏，全家人像往常一样平安入睡。突然间女仆豁阿黑臣尖叫起来："泰赤乌人来了！"

铁木真等人被惊醒了，他们满脸恐慌，连衣服都没穿好就跑了出去。

大地在震动，战马的嘶鸣声由远处传来。

因为泰赤乌人的目标一直是铁木真，诃额伦吩咐他立即上马先逃，而后她与另外几个儿子也上了马，向山林中逃去。慌乱之中谁也顾不了许多，马匹都被骑走了，孛儿帖、豁阿黑臣和别勒古台（铁木真的异母幼弟）的母亲无马可骑。敌人在逼近，火把把远处的天空都映红了。无可奈何之际，女仆驾起了牛车，让孛儿帖和别勒古台之母坐在车中逃走。

老牛慢腾腾地走着，任凭怎么打，始终走不快。敌人很快就赶到了，他们围住了帐房，吼叫着、践踏着。当他们发现铁木真已不在后又分散开到各处搜索。

牛车被敌人拦住了，孛儿帖等人都落入了他们之

别勒古台

手。孛儿帖已意识到即将到来的不幸，然而她万万没有料到事情比这还不幸，她被俘获才知道，敌人并非泰赤乌人，而是蔑儿乞人。

得知孛儿帖是铁木真的妻子时，蔑儿乞人简直高兴坏了。原来几十年前也速该抢了蔑儿乞人的新娘，也就是诃额伦，如今蔑儿乞人抢了也速该的儿媳妇，大仇得报，怎能不高兴呢！为了捉拿铁木真，他们围住了不儿罕山，进行了地毯式搜索。但是天色越来越暗，他们找不到人，只好撤退了。铁木真为了藏身，躲在山中待了一整天。

第二天下午铁木真才回家，看到地上一片狼藉，牛羊都被抢掠，他心中愤愤难平，发誓要报此仇！铁木真到处寻找孛儿帖，经过打听才得知，袭击他们的是蔑儿乞人，孛儿帖也被他们掳走了！听到妻子受难的消息，铁木真再也坐不住了（参见董千里著：《成吉思汗》，中国友谊出版公司 1984 年版）。

他要向蔑儿乞人复仇，抢回自己的妻子！但是现实又让他低下了头，他如何去报仇？身边没有人，没有武器，甚至没有马匹！铁木真冷静下来，深思熟虑一番后，他决定扩充部落力量。

铁木真竖起大旗开始招兵买马，渐渐有了一定实力，但是和泰赤乌部、塔塔儿部、篾儿乞部相比，简直不值一提。和骁勇善战的这三个部落对战，至少要有相当的战斗力才行，依靠自己的力量无异于以卵击石。铁木真意识到必须联合其他部落的力量来壮大自己，才有胜算。

再说蔑儿乞部的本意是要打击铁木真，虽然无意中抢掠了他的新娘，但是对铁木真没有造成伤害。铁木真似乎很快就接受了妻子被夺的事实。在自己逃命和妻子的安危上，铁木真毫不犹豫地选择了前者，因

蔑儿乞人抢走孛儿帖

为妻子的被俘会拖延敌部的入侵，为铁木真寻找藏身之处争取了时间。在危急时刻，铁木真想起母亲对他说过的话："汝若能保住性命，不愁再娶不着好女人。"他也因此没有和敌人硬拼。

虽然没有顾及妻子的安危，但铁木真还是不愿意失去新婚妻子的，在蔑儿乞人撤退之后，他就制订了夺回妻子的计划。

对蔑儿乞部的战争是非胜不可的，为了夺回妻子，铁木真细心周到地准备着。首先，要想办法网罗人才，招募原来部落的人。经过一段时间的努力，原蒙古部落的许多人都回来了，他的力量大大加强。然后就是要联合其他部落来对抗蔑儿乞部，同时要防御虎视眈眈的泰赤乌部，这个问题铁木真考虑了许久（参见霍天威著：《成吉思汗传》，河北人民出版社 2016 年版）。

谁是真正的盟友呢？铁木真和母亲想到了克烈部的大汗（脱里汗）。他曾经是也速该的结义兄弟，当年走投无路时，也速该帮助过他，不但救了他的性命，而且派兵帮助他夺取了汗位，可以说是他的大恩人。此时，脱里汗已经是草原一霸。他永远也不会忘记，当年只有 7 岁时，他所在的部落遭到蔑儿乞部的抢掠，脱里汗与母亲都被抢去了，他作为蔑儿乞人的奴隶度过了充满辛酸的少年时代。少年时的记忆，让作为克烈部大汗的脱里汗对蔑儿乞部充满仇恨，铁木真觉得可以利用这点联合脱里汗，并借助他与父亲的关系取得他的支持，来共同对付蔑儿乞部。于是他决定去拜见这位长辈。为了取悦脱里汗，铁木真把妻子送给母亲的珍贵的黑貂鼠皮袄拿了出来，作为礼物带去见他。

铁木真见到脱里汗后，极尽尊敬之礼，又献上珍贵的礼物，脱里汗心里很是高兴，一边回忆也速该与他的旧谊，一边允诺说只要铁木真有困难，他一定会尽力相助。因为脱里汗与也速该是把兄弟，铁木真就把脱里汗称为父汗，这更使脱里汗感到十分受用。就这样，铁木真有了靠山，大树底下好乘凉，他的信心也增强了。

有了克烈部这杆大旗，铁木真开始壮大自己的力量，更多的旧部也逐渐回到他的旗下，他的身边又多了者勒篾、博尔术等几个勇敢的帮手。孛儿只斤氏族表现出了勃勃生机。铁木真顺利地走出了谋求草原霸主的第一步。

铁木真不打无把握的仗，于是又邀请了札只剌部的札木合一起出兵。札只剌部与蒙古部同祖，当时的领导人是札木合。铁木真选择札木合做盟友，也是考虑到札木合曾受过蔑儿乞人的侵略。在一次战斗中，札木合的许多财产、部众被抢走，手下只剩了 30 多个人，过着流浪生活，后来实在走投无路，他想了一个极其冒险的办法——投靠蔑儿乞人。札木合用自己的聪明、机智地博得了蔑儿乞贵族的好感，逐渐放松对他的戒备。有一天夜里，他率领这 30 多个人溜进了蔑儿乞首领的大帐，当时首领的侍卫们没在身边，札木合利用这个机会，逼迫首领交出部众和财产。就这样，札木合又恢复了自己的力量。由于篾儿乞人勇敢善战，札木合虽然怀恨在心，却不敢轻易兴兵征讨。这次铁木真盛情相邀，3 支力量聚集在一起，胜券在握，札木合欣然答应。

3 人商议决定，由脱里汗出 2 万兵，札木合出 2 万兵，铁木真出 1 万兵，分路向蔑儿乞人进攻。他们约定了会师地点。但是由于下雨，脱里汗与铁木真的人马迟了 3 天才到。本来战争的统帅应是势大位尊的脱里汗，这一下札木合有了借口，因为他按时来到会师地点，所以便大发牢骚："虽风雨亦践其约，虽天雨亦赴其会，非谓勿误所约！蒙古非忠于诺言者！"

札木合表面是说"蒙古人"，批评铁木真，实际上却是旁敲侧击，指责脱里汗。脱里汗自知理亏，只好说："本来约好 3 日前会师，但我们迟到了，要打要罚，全听札木合兄弟处置。"最后札木合做了联军的统帅，指挥整个战斗。

由于联军采取夜间奇袭战术，蔑儿乞人没有丝毫准备。联军顺利攻入，蔑儿乞人的营地里人哭马嘶，乱成一团。这场战争很快就结束了。铁木真一边冲杀，一边喊着："孛儿帖！孛儿帖！"最后在一个角落里找到了她。很快战斗就接近尾声，蔑儿乞人一部分逃跑了，一部分被联军所杀，没有被杀死的就成了联军的俘虏。别勒古台的母亲当时和孛儿帖一起被蔑儿乞人所掳，这下见到铁木真和别勒古台来救，不但没有高兴起来，反而羞愧万分，掩面跑到深山老林之中，再也不见人了，以后她是死是活也没人能知道。

分配战利品很顺利，大部分都归了脱里汗和札木合，因为他们帮助铁木真复仇，当然要得到报酬。铁木真懂得这个道理，不但没有与他们争，反而表现得慷慨大方。征服蔑儿乞部后，铁木真的力量虽然开始壮大起来，但是还不足以独立应付其他部落的侵袭，只能暂时依附于札木合，再伺机发展。

铁木真这次突袭篾儿乞部大获全胜，孛儿帖终于回到铁木真身边，但她并没有人们想象中那般高兴，时常呆呆地一个人想心事。她被掳走前的一天清晨，和帖木仑一起挤马奶，忽然感到一阵恶心，铁木真的妹妹帖木仑吃惊地问道："嫂子，你怎么了？是不是病了？"孛儿帖摆了摆手。帖木仑拔腿就跑，孛儿帖想叫住她，不料又一阵恶心袭来，转眼帖木仑已经跑进了蒙古包。

不一会儿，诃额伦急匆匆走过来问道："孛儿帖，孛儿帖！哎呀，你是不是累着了？"孛儿帖摇摇头。

诃额伦是过来人，恍然大悟，对着儿媳的耳朵悄悄问了句什么，孛儿帖点了点头。那时她就已经怀孕了。

时间已隔9个多月，孛儿帖马上就要分娩了，她内心很矛盾，因为作为丈夫的铁木真并不知情，他会如何看待这件事呢？她不是已感觉到铁木真仍对她那么忠诚，那么喜爱吗？为了重新得到她，铁木真不是动员了5万多铁骑，组成强大的联军，把大草原闹了个天翻地覆吗？然而,她毕竟在篾儿乞部住了9个多月，并被仇人赤勒格儿玷污，她心里怎么会没有阴影呢？

战争的胜利和孛儿帖的顺利归来，让铁木真感到无比兴奋。每当面对孛儿帖的时候，他总是喜笑颜开。孛儿帖不安地说："夫君，我现在怀有身孕，你不会因为这个而怀疑我的贞洁吧？"铁木真听了，心情马上跌到了谷底，勉强地笑道："那这个孩子真是个不速之客了，难道你就没有抵抗吗？"豁阿黑臣闻言大怒道："我的主人，你是个男人，男人保护不了自己的女人是多么大的耻辱啊！她在篾儿乞营中是配给了赤勒格儿，但她在被抓走之前就已经怀孕了，这个我可以作证。"

孛儿帖一声不吭，泪眼婆娑，坐在帐篷里一动也不动。铁木真忙改口道："我的好夫人，只要你没有变心，我就满足了。如果你成为别人的妻子，那我铁木真也就是个懦夫了。今天你回来了，我的儿子又要出世了，这是多么让人高兴的事情啊！"他一边说一边轻轻地抚摸着孛儿帖的长发，但从他的话音可以知道他并没有打消疑虑，只是不再计较，一如既往地宠爱妻子。过了一会儿，孛儿帖转过脸对铁木真说："我虽然身在篾儿乞营地之中，但心却是像海冬青一样在寻找你的踪迹,渴望你能率领大军前来救我。今日能归来，我的心中才豁亮起来。这个孩子，你认为是个不速之客，但我相信他是长生天特意赐给我们的。"铁木真听到这里，不安地说："我们现在不说这个，我们只为我们的团聚而高兴好吗？如此我的心灵才能得到解脱。"孛儿帖为了让铁木真开心起来，便强忍着悲伤对他说："我知道，我离开之后你的心中承受着巨大的压力，你要让仇恨成为你的力量，不能去抱怨。现在我回来了，你心里应该感到轻松才是。如果你对我过去 9 个月的经历仍耿耿于怀，那你就不能解脱，这是长生天在惩罚我们的过错。"铁木真深情地看着孛儿帖，正所谓父债子还，他能再说什么呢。

然而，铁木真口里说不在意，心里却总有一个疙瘩，他很隐晦地向札木合倾诉心事。札木合是个胆大心细之人，早就窥见了铁木真的隐情。他语重心长地对铁木真说："孛儿帖能失而复得，实在是天意啊！请安答不要在意那些扰乱心神的事情，毕竟孛儿帖是你明媒正娶的妻子！"铁木真坐在战马上，为难地说："我也是这样想的，在大草原上，这种事情数不胜数，我怎会计较呢！孛儿帖已经归来，这就是最大的幸福。”札木合微笑着说：“这才是大丈夫的胸襟啊！好了，看来我没有什么可以担忧的了，就让我们为胜利而欢呼吧！”

札木合仰望天空，祈祷道：“我们能打败篾儿乞人实在不容易！长生天啊，是你在佑护着正义之师！”

铁木真表面上憨笑着，但他心中的失落和苦痛还需要靠时间来消除。

孛儿帖的身子越来越重，心里害怕，铁木真安慰她道：“不用害怕，我们身边还有豁阿黑臣呢！她会像照顾母亲一样照顾你的。”孛儿帖点了点头。铁木真握住孛儿帖的双手，轻轻地在她身边吹着暖风，孛儿帖渐渐地安定下来。豁阿黑臣在一旁笑了起来，一对小爱人就这样又依偎在一起了。

孛儿帖临产时，铁木真一下子抱起她，径直朝帐篷里走去。孛儿帖拼命地抓住铁木真的手，说道：“不知道为什么，现在只要你抱着，我就不会感到害怕。”铁木真微笑着，不停地安慰她。到了深夜时分，孛儿帖腹部疼痛难忍，抓住铁木真的双手大声地喊叫着，铁木真一时手足无措。豁阿黑臣听见后，走进来说：“好了，这一刻终于到来了，让我来给孛儿帖夫人接生吧！”孛儿帖不停地叫着铁木真的名字，铁木真待在那里不愿离开，豁阿黑臣急忙喊道：“难道女人的事情，主人也要看着吗？”铁木真这才怏怏不乐地走出营帐。

铁木真站在月色下，心情又乱起来，他看着天空中的明月，心想：“我应该怎么面对我的儿子呢？难道我要若无其事地对待他？还是要对他的血统产生怀疑吗？”他焦躁地在帐篷外踱着步，内心进行着激烈的斗争。这时，札木合信步走来，平心静气地对他说：“看来安答的心中很不是滋味，怀疑的余念让你心神不宁啊！”铁木真望着天空，长长地叹息着。札木合又说：“你的心情我能理解，每个男人都会有这样的心理。你现在需要做的是消除猜疑，像对待自己的亲生孩子一样对待这个小生命。”铁木真声音低沉地说：“我被这个不速之客伤透了心，当我站在孛儿帖面前的时候，都不知道该对她说什么，我知道这个错是我犯下的。”札木合劝慰他说：“你能这样想真的很难得，如果是我，我也会被这件事折磨死的。”

这时，一阵大风从草原深处刮来，月光被乌云遮挡，而铁木真心中的阴霾却一扫而光。紧接着传来了豁阿黑臣的欢呼声：“主人，孛儿帖夫人生了个大胖小子，她给您生了个儿子啊！”铁木真飞奔到帐篷里，只见孛儿帖满脸疲倦地躺在卧榻上看着孩子。他高兴地叫道：“我们的孩子出世了，孛儿帖，你为我家带来了吉庆，母亲一定会非常高兴的。”

孛儿帖微笑地看着铁木真，问道：“你不想给孩子取个名字吗？”铁木真沉思片刻，说道：“在行军路上降生，太意外了，我们就叫他术赤吧！”孛儿帖轻轻地念叨着这个名字，然后说：“好一个术赤，乃太阳神赐子。希望这个孩子能幸福快乐地生活。”其实，“术赤”的蒙语之意为“客人”。铁木真接口道：“一定会的，因为他是我们的孩子。”孛儿帖听了也会心地笑了起来。

第二天太阳刚刚升起的时候，人们跳起了环舞，唱着祭太阳歌。铁木真对着太阳祷告：“太阳神，既然这个孩子是您送来的客人，那么无论他以后给我带来什么样的命运，我都甘愿默默地承受！”他终于把内心的疑虑和偏见抛在一边，这在以后的生活中得到了很好的验证，而术赤也成为他最勇敢、战功最卓著的儿子。

孛儿帖生下术赤没几天，合撒儿带着诃额伦等人过来了。尚在月子里的孛儿帖从营帐中走出来迎接诃额伦，她悲喜交加地说：“今日才见到母亲，我们分别已 10 个多月了。”诃额伦喜笑颜开，高兴地说：“我们一家人终于又团聚了。你还给我添了个小孙子，一大家人生活在一起才幸福啊……”

2. 自立门户

铁木真和札木合一起，开始在豁儿豁纳黑驻地生活。时间过得飞快，一晃眼又是一年。篾儿乞首领之一脱黑脱阿自败走后，就立志要与铁木真的蒙古部作对。凡是针对蒙古部的行动，他都积极参与，而且每每在失败的关头都成功逃脱，眼下他又计划着下一次针对蒙古部的行动。铁木真也准备以此为借口，扩充自己的兵力，壮大乞颜部的声威（参见陈秋帆编著:《世界伟人传记：成吉思汗》，北方妇女儿童出版社 2007 年版）。

1181 年 5 月初夏，札木合与铁木真一同出游。他们翻山越岭，到达最高的峰峦，并马而立。雄姿勃发的札木合马鞭一扬，得意地说："我看这里野兽虽多，但并没有猛兽，若有的话，岂不将羊羔吃个干净？"铁木真不明其意，含糊地答应了一声。回营后，铁木真还在想着札木合说过的那句话，见到母亲后，便把话说给她听。诃额伦开始沉思起来，孛儿帖抢先说道："这句话是说他想做那独一无二的猛兽。如果他真成了猛兽，这片草地上的动物就不够他一个人吃了。听他的话，莫非是要害我们？或许是赶我们走？常言道，一山难容二虎，不如趁现在与他的交情还在，好说好散。"

诃额伦觉得儿媳一下就把话说到了点子上。铁木真也茅塞顿开，第二天便找个理由去向札木合告辞。

札木合求之不得，但嘴上还是要卖点乖。他挽留道：

“苍狼虽猛，仍结群而生。你我皆是勇士，合在一起力量岂不更大？我们眼下生活得还行，但还没有享受到真正的好日子，怎么就要分开呢？”

铁木真委婉地说：“我在草原上树敌太多，烦劳安答出手相救，过了一段安逸的日子。但我的仇敌还没有死心，他们随时都可能会来报仇，我在这里待下去，只会给安答带来危险，不如找一个隐秘的地方安身为好。”

铁木真随即收拾行装，领了数十名伙伴星夜起程。行进途中，人们在黑夜中根据自己的选择各投其主，一部分人留下来跟随札木合，另一部分人则悄悄加入铁木真的队伍中。

成吉思汗“四狗”之一——速不台画像

次日早晨，铁木真对孛儿帖说：“你快去安顿一下母亲和孩子，我去清点部族人口，但愿我们的人都归来了才好。”说完，他走出营帐去查看那些跟来的部民。突然，营帐后面传来一个洪亮的声音，铁木真转身望去，只见一人下马叩首道：“我的仁厚宽大之主，今日我带着随从前来投奔铁木真首领了。”铁木真大喜过望，激动地说：“原来是者勒蔑的弟弟速不台，你兄长常常在我面前夸赞你。今日你愿跟随我，我岂有不欢迎之理。”说完他将速不台扶起来，让他留在自己身边。

几天后，他们到桑沽儿河边住了下来。这个地方其实并不隐秘，相反人群较多，牲畜也多，而这为铁木真日后的发展提供了良好的资源。

这次与札木合分道扬镳，铁木真内心一直在思考一个问题：“安答不容我，到底是为什么呢？难道天下就没有完全纯粹的感情吗？要想在草原英雄中崛起，不能没有情义，慎重对待自己的好安答，才能在草原上建立良好的口碑。”在面对兄弟之情时，铁木真很多时候都是在扪心自问，觉得心有不安。札木合也常常对铁木真说：“等你的队伍比我的更强大时，我才能真正地说我的好安答站起来了、强大了。”可在铁木真的势力一天天强大，并一步步向可汗的宝座迈进的时候，札木合的心中又充满了愤恨和忌妒。谁也不曾想到过去两个形影不离、肝胆相照的兄弟，就这样变成了草原上一对最大的敌人（参见刘屹松著：《成吉思汗全传》，华中科技大学出版社 2016 年版）。

铁木真安营扎寨后，开始聚集部众，招兵买马，扩充队伍。以前散去的部众听到消息后，陆续归来。铁木真不但没有责备他们，反而给予优待，于是，投奔他的人越来越多。仅三四年时间，铁木真帐下各部族合起来已有 4 万多人，比也速该时期更加兴旺。

札木合渐渐意识到，铁木真离开他单独设营，实质上是脱离了他的控制，逐渐形成了一支属于自己的势力。更令札木合料想不到的是，本来依附于他的部众，现在纷纷投靠了铁木真。不久，铁木真的部众中又增加了一些泰赤乌人。当时，泰赤乌部正准备向别处迁徙，因为铁木真势力的壮大使他们受到威胁，慌乱中逃窜的泰赤乌人以为铁木真要来围剿他们。

赤老温想去投奔铁木真，锁儿罕失剌望着从各个方向聚拢来的部众，劝儿子道："好猎手不会在没有把握的时候乱放箭，先等等吧。"他们最终加入了泰赤乌部族的移营队伍。合答安坐在勒勒车拉的羊毛上，心中十分不舍，她抚摸着车上的羊毛，眼睛里滚动着泪珠。她多想看一眼铁木真啊，铁木真来了，可她却要走了。

札木合因为有不少泰赤乌人前来投奔自己，心中稍稍有了一些安慰，他对众人说："今日铁木真安答声势好大啊！泰赤乌人怎么没有去投奔铁木真安答呢？"说完，他走进刚刚搭建好的大帐，一言不发地喝起闷酒来。

铁木真的四叔答里台一家，也带着数百属民一起来投靠铁木真。为了照顾四叔的面子，诃额伦、铁木真、合撒儿、别勒古台一起去迎接四叔一家。寒暄一番后，答里台对诃额伦说："嫂子，我二哥病了半年多，临终之前告诉我说，蒙古包没有漏洞，雨雪是落不进来的；乞颜人如果不离散，孛儿只斤家族哪里会遭遇这么多的磨难？他嘱咐我一定要把他的儿子忽察儿带回来交给你！"

忽察儿忙上前给诃额伦、铁木真行礼。铁木真的这位堂兄弟，后来成为他立汗的积极支持者。

与泰赤乌家族一向不和的主儿乞家族，也在考虑是否投奔乞颜部。额里真妃和撒察别乞、不里孛阔等首领们商议了几次，仍没有统一意见。不里孛阔情绪最为激烈，坚决不同意投靠铁木真。他认为在泰赤乌人欺凌也速该孤儿寡母的时候，主儿乞人曾为虎作伥，现在看见人家强大起来了，又厚着脸皮去投奔，这样做很不光彩。

主儿乞人是合不勒可汗的长支后裔，他们中的大部分人都是身怀绝技的勇士。他们自恃武艺高强，即使最后决定投奔铁木真，仍摆出一副救世者的姿态。快到不儿罕山铁木真营地的时候，傲慢的额里真妃让人马停下来，派人送信给铁木真，说高贵的主儿乞人知道他有难，率队来帮助他了，以此试探铁木真的态度，希望他亲自来迎接他们。

元朝开国功臣木华黎画像

送信人一走，撒察别乞说出了内心的担忧：铁木真会尽弃前嫌，善待主儿乞人吗？撒察别乞门下有一个叫木华黎的奴隶，他看了主人一眼，叹息道："刀劈进水里，过一会儿水面就平静如初了；刀要是砍在人的身上，尽管伤口可以愈合，但疤痕是一辈子也抹不掉的。"

撒察别乞骂了他一声"多嘴"，然后对母亲说："我们为什么要来讨这个没趣呢？"

额里真妃自有其想法，她认为未来的草原之王必是铁木真，如果不趁早打算，将来会有灭顶之灾。但眼下他们还有资本显示一下主儿乞人的尊严，不至于失了身份，这也是为了以后能在蒙古部占有一席之地。

"如果铁木真不是用马奶酒而是用马刀来迎接我们呢？"撒察别乞还是不放心。

这时，那个"多嘴"的奴隶木华黎又说话了："主人大可不必担忧，尽管我们与铁木真有旧怨，但他是一只胸怀大如广阔天空的雄鹰，切不可小看了他。况且现在铁木真四周都是敌人，他怎会拒绝朋友的帮助呢？哪怕只是暂时的朋友，他也一定会热情相待的，只要我们也以诚待之。”

撒察别乞瞪大眼睛盯着木华黎，似乎根本不认识这个门下仆从。就在他们疑惑踌躇的时候，铁木真果然领着几个人来迎接他们了。主儿乞贵族见铁木真亲临，都毕恭毕敬地立于一旁，木华黎却不卑不亢地迎上去，为铁木真引见额里真妃。诃额伦走在铁木真前面，笑容满面地说："我们尊贵的额里真妃，感谢你们远道而来。”

额里真妃走上前去，回道："如明月一样的容貌，一定是尊贵的诃额伦夫人；像蒙古勇士也速该一样英俊威武，一定是多灾多难的射雕英雄铁木真吧？"

铁木真跨前一步，施礼道："婶母！我就是刚刚学会飞翔的鸟儿铁木真，欢迎所有讲义气的主儿乞亲朋好友，你们将给我们带来新的力量。”

额里真妃见状，就拿出做长辈的样子，对铁木真说："小英雄！我们主儿乞家族是伟大的合不勒汗的长支后裔，在自己族人危难之时，我们总是会证明我们的血统是多么高贵。所以，听说你有了难处，我就带着我们光荣的勇士向你伸出救援之手！"

铁木真当然知道额里真妃故作姿态的原因，但他此时并不反感，还用丰盛的菜肴和香醇的马奶酒款待他们。

铁木真的谦逊、真诚、勇敢，使他在草原上的人气越来越旺，甚至札木合的族人豁儿赤、阔阔出思等也纷纷“弃暗投明”，分别离开铁木真的对手泰赤乌氏和扎答阑氏，投到铁木真帐下。其中，豁儿赤星夜来投，还有一段饱含深意的故事。

那天早晨，铁木真一觉醒来，发现豁儿赤立在帐外，不由得又惊又喜，脱口道：“想不到你也来了？”豁儿赤煞有介事地说：“我原本是圣祖孛端察儿掳来的妇人所生的后代。札木合的祖先是札只剌歹，是异族血统的人；我的祖先是巴阿里歹，是圣祖的后代。我本该扶助札木合光大我族，但天神已显灵，不让我追随札木合，使我不得不认真考虑自己的归属。一天夜里，我梦见一头草黄色的母牛绕着札木合转个不停，然后一头冲向札木合的房车，结果折断一角，变成了一头斜角牛。它面向札木合一边踢尘土，一边大声吼叫：‘还我角来！’这头斜角犍牛，驾起那辆房车，跟在您的身后，沿着大路边吼边跑。这是什么预兆呢？还不是天地相商，令您铁木真做大汗？那头牛已经载过来了。神灵让我目睹了这件事，让我来向您通报。您将来做了大汗，用什么来报答我这个报告好消息的人呢？”

豁儿赤绘声绘色地叙述自己梦中所见，周围的将士们都听得十分入神。铁木真当然不相信豁儿赤的话，但有一句话让他很感兴趣，那就是神授国主——做大汗。豁儿赤是第一个提出让铁木真自立为汗的人，又是借用了神的权威，这正说出了铁木真的心中之言。铁木真兴奋之余，不假思索地答应道："我如果做了大汗，就封你为万户（侯）。"铁木真知道"汗王"的号位已是志在必得，只是时机还没有成熟。

对部众来说，豁儿赤也说出了他们的愿望，蒙古草原太需要一位有威望的大汗了。自从忽图剌汗（宗族汗）被推翻后，数十年群龙无首，现实的利害冲突，使得草原各部分离聚合，盲目争斗，人民流离失所。而割据一方的部落首领心中都有着同一个目标，那就是成为草原上的至尊——大汗。但在蒙古人眼中，可汗的位置不是每个人都能够坐的。即使是英勇善战的也速该统领蒙古部时，他也没有称汗。谁若想成为蒙古部可汗，就必须由所有蒙古人进行表决，如果部众不满意，这个可汗就当得非常危险。

当时，前蒙古草原最后一个大汗忽图剌之子阿勒坛似乎最有资格统一蒙古各部。已故诸汗之一合不勒汗的重孙们也有机会争取汗位，而铁木真就是其中之一。与铁木真处于同一辈的还有他的堂兄弟撒察别乞和泰出。而这些人中，最先站出来支持立铁木真为汗的就是阿勒坛、撒察别乞和泰出。

其时铁木真正扎营于乞沐儿合溪附近（斡难河上游，今库沐儿山附近）的阿因勒合剌台纳（长满荆棘之营地）。这一天，铁木真带着兄弟与那可儿，特意去拜访德高望重的阿勒坛。双方寒暄一番之后，铁木真开门见山地提出："我们蒙古族群龙无首，混乱了数十年，希望您老人家能够力举统一大旗，站出来振臂一呼，我铁木真一定率先响应。"

阿勒坛看了看铁木真，知道他是欲擒故纵，笑道："你说错了，这个统一的大旗应该由你来擎起。论勇力、才气，论智谋、气度，你都是最佳人选。否则我为什么抛弃札木合，连夜跟随你来到这儿？"

铁木真听后心中一阵窃喜，但表面上仍不动声色。接着，他又去拜访其他有资格称汗的贵族。

铁木真走后，阿勒坛回到帐中悄悄地对忽察儿说："我的好伴当，蒙古部能有今日的实力，实在是铁木真礼贤下士所致。我们若能就此敬奉铁木真为蒙古部新可汗，蒙古人的未来会更加光明，家族事业也会兴盛起来。"忽察儿虽对汗位觊觎已久，但又碍于实力不济，只得附和道："难道我俩的心思是相通的吗？我也早有这样的打算，只是有苦衷不好开口。今日既然说出来了，那我们事不宜迟，找个机会在众人面前推举铁木真便是。"

随后，他们找来各族头领共同商议，要立铁木真为汗。他们对铁木真说："我们商定要立你为汗，为你冲锋陷阵不惜生命！掳来美女夺其宫帐，献给可汗铁木真你；袭击征服外族百姓，献给可汗铁木真你；在猎杀狡兽的时候，将其追来供你射杀；在捕杀野熊的时候，将其赶来供你射杀。沙场鏖战时如违号令，请你灭我的家门九族，使我的头颅滚落荒野；安稳平和时如违背你的派遣，请你掳我的属民与妻女，使我流亡他乡，无家可归！"随后，蒙古部乞颜氏的各大贵族都在铁木真的帐中滴血盟誓。

铁木真却再三推脱道："我铁木真上有长辈，就怕我资历尚浅，恐怕不能服众。"忽察儿站起来说："难道在战场上是用年龄说话的吗？拥有财富是不问长幼的。"豁儿赤也大声说道："让铁木真称汗是众望所归、顺应天意的。"于是，众人跪拜在铁木真面前齐呼："请铁木真可汗放心！我等今日已在您和长生天面前盟誓，誓死效忠铁木真可汗，如有半点推诿，他日定死无葬身之处。"铁木真见事情已成定局，便对众人说："今日只要你们顺从于我，我保证你们与我同享荣华富贵。"

在几个部族头领的誓言声中，铁木真被立为乞颜部可汗，但铁木真的家人却为他感到担忧，因为推举他为汗的几位蒙古贵族只打算尊他为战争的指挥者和狩猎的首领，只想让他带领他们去进行劫掠和围猎。这使铁木真可汗未来的道路上又多了一些不确定的因素。真正的草原英雄，他的队伍一天天发展、壮大，他的敌人也会越来越多（参见刘屹松著：《成吉思汗全传》，华中科技大学出版社 2016 年版）。

3. 十三翼之战

一个意外的事件，引发了蓄积已久的冲突，给札木合等人提供了兴兵的借口。札木合有一个兄弟叫给察儿，在斡列该泉的放牧营地居住。铁木真可汗的家臣拙赤答儿马剌在撒阿里川地方驻牧，给察儿跑到拙赤答儿马剌的牧地上，盗走了一群马。拙赤答儿马剌半夜飞身上马，伏身飞快奔驰的马背上，四处搜寻。终于，他寻到了给察儿营地附近，仔细观察，发现了劫马者。他俯身躲在马鬃后面，弯弓搭箭，一箭射断了给察儿的脊梁，将他射死，赶回了自己的马群。

因为兄弟被杀，对铁木真早就满怀气愤的札木合，立即聚集了由 13 个部组成的联军，共 3 万人，前来进攻铁木真。这 13 个部除了札木合所属的札只剌部之外还包括泰赤乌、翁吉剌、合答斤、朵儿边、塔塔儿等部。

铁木真也有 3 万人马，他们驻扎在桑沽儿溪上游古连勒古山附近，用车辆和蒙古包结成了 30 座营盘。

铁木真对札木合的进攻还一无所知，这时有个叫捏群的亦乞列思人过来报告消息，称札木合准备兴兵来攻，原来捏群虽然是札木合部下，但他的儿子孛秃却在铁木真部下，捏群也就心向着铁木真。铁木真得知消息，立即部署，将自己的3万人马也分成13翼，以应对敌人的13部。铁木真统领一翼，诃额伦夫人统率一翼，其余则由乞颜氏贵族和来附的旁支尼鲁温氏族各自统率，此时，铁木真实际统率的兵力并不强。

在答阑版朱思之野（约在克鲁伦河上游一带）双方展开对战，铁木真部不敌札木合军队，只好且战且向哲列捏峡退去，札木合不敢深入，便停止了追击，算是取得了胜利。这就是蒙古草原上著名的十三翼之战（参见《青少年素质教育必读》编委会编:《成吉思汗》，朝华出版社2005年版）。

札木合击退铁木真，非常得意，竟然将俘获的转

札木合烹煮捏古思人的场景

投铁木真的捏古思人扔进烧开水的大锅内煮死。这种极残暴的行径，使得札木合人心尽失，处于恐惧和不安中的人们转而投向铁木真可汗。从这方面来说，铁木真可汗反而是这场战争的赢家。

不久后，札木合的部下兀鲁兀部术赤台、忙忽部畏答儿也因不满于札木合的所作所为，各自率所属族人离开，投靠了铁木真，后来这两个人成了铁木真可汗的骁将。

越来越多的人投奔到了铁木真帐下。趋利避害是人的本能，总是会有那么些人愿意依附于强者，受他的保护。另外，铁木真拉起的队伍看上去井然有序，特别容易给人“正规”的感觉。对于饥一餐饱一餐的牧民来说，铁木真永远是慷慨而善意的，他们得到的总是比他们期望的要多。收买人心也好，人品确实好也罢，铁木真的英名却实实在在传遍了各个部落，同时也加深了人们对铁木真可汗的忠心。不论铁木真遭遇了多大的挫折，这种忠心还是经得起考验。

这时，铁木真的盟友克烈部王脱里汗突然遭遇了不幸。

虽然脱里汗的家族信奉景教，而且传说他就是“祭司王约翰”（当年的蒙古帝国中一直流传着一封来自祭司王约翰的信，信中说他来自一个满地都是财宝和珍禽异兽的王国，那是一个神圣的地方，有圣杯和青春之泉，没有欺骗和罪恶。祭司王约翰在信中提倡各国缔结联盟，夺回被伊斯兰教信徒占领的耶路撒冷），但他在自己家族中却做出了令人发指的事情。他亲手杀死了自己的几个亲弟弟，只有札合敢不和额儿客哈剌两兄弟得以逃脱。额儿客哈剌逃往蒙古西部阿尔泰山的乃蛮部，并得到了乃蛮部的支持。乃蛮部亦难察汗后来发兵克烈部，赶走了脱里汗，将额儿客哈剌扶上汗位。脱里汗逃到突厥斯坦，先投靠了哈剌契丹王，但不到一年时间，他便又被赶了出来，在戈壁滩畏兀儿部和西夏的边境处流浪，后来又来到漠北的古泄兀儿海子生活，这里曾是他和也速该一起住过的地方。这时他赖以生存的只有 5 只母羊、1 只骆驼和 1 匹瞎马。

得知脱里汗的遭遇，铁木真特意派塔孩把阿秃儿、速客该者温两人前去接他，并将他安顿在自己的牧地上。铁木真前去看望，带给他食物、衣服和牲畜，让他好好生活。

此时，幸存的札合敢不正流浪在金朝边境上，铁木真便将他请回来帮助脱里汗。札合敢不在回来的途中遭到蔑儿乞人的袭击，幸好铁木真派了撒察别乞和泰出前来迎接，才让札合敢不平安回到蒙古草原。

脱里汗在铁木真的帮助下重新回到了土拉河的黑松林，夺回了大汗之位。在这里，他大摆宴席感谢了铁木真，重叙了和也速该的情谊，因为他与也速该是安答（结义兄弟），最后和铁木真再次确认了父子关系。

随后，铁木真征讨了蔑儿乞的脱黑脱阿，将掠夺的全部财产都送给了脱里汗。

正所谓攻心为上，铁木真此时虽仍然尊称脱里汗为“父汗”，但在脱里汗经历了这一系列变故，并在铁木真帮助下又恢复汗位后，铁木真已经和脱里汗势均力敌了。

4. 首战塔塔儿

1194 年，金国与合答斤部、撒勒只儿惕部发生了矛盾冲突。金国于 1195 年起兵进攻他们，在呼伦湖畔打败了合答斤、撒勒只儿惕的 14 个古列延人马。塔塔儿部因协助金国，掳掠了大量牛马、财物，而金国在这次进攻中掳掠财物较少，因而与塔塔儿部发生了摩擦，认为塔塔儿部已经反叛，于是于 1196 年起兵，派完颜襄丞相统军前往镇压。两军交锋中，开始时金国军队被围而处劣势，但最后取得了胜利。塔塔儿部首领篾古真逃往浯勒札河。

铁木真听到这个消息，认为替父祖复仇的千载难逢的良机到了。他记得，童年时，母亲诃额伦讲述的塔塔儿人联合金人钉死曾祖俺巴孩汗；铁木真自己也耳闻目睹塔塔儿人毒死父亲也速该，这个仇如何不报？

塔塔儿人是游牧于蒙古东北的部落，它曾和金朝联合灭了蒙古的第一个王国，并狠狠打击了铁木真的祖先，之后便很快强大起来。塔塔儿部的强大，引起了金朝的反感，于是金朝转而联合铁木真和克烈部以压制塔塔儿部的势力。出于共同的目的，铁木真答应了金朝的请求，接受了联合攻打塔塔儿的策略（参见《青少年素质教育必读》编委会编：《成吉思汗》，朝华出版社 2005 年版）。

铁木真又派人联络克烈部，希望再次并肩作战。他的使者向脱里汗口述了铁木真的“国书”：“我部与塔塔儿有世代冤仇，我祖辈俺巴孩汗、斡勤巴儿合黑被他出卖，我父汗、您的安答被他毒死，今塔塔儿被金朝打败，逃往浯勒札河以西，望父汗亲率大军，助我夹击敌人，向塔塔儿讨还血债！”与此同时，铁木真又征集了主儿勤等族人，让他们为自己的祖先斡勤巴儿合黑报仇。一场声势浩大的复仇之战就要拉开序幕了。

很快，脱里汗率领大军向东与铁木真部在斡难河会师。但主儿勤氏这时因和铁木真的兄弟发生了冲突，拒绝出征。铁木真等待了 6 天后，便决定和脱里汗继续东进，不再等待主儿勤族人。不久，他们就到达了浯勒札河上游，这里还残留着金朝早期筑的边墙，边墙内还有些营寨，塔塔儿部就退守在其中的松树寨和枫树寨两寨之中。铁木真与脱里汗的军队来得太快了，以至于塔塔儿人都还没站稳脚跟，就厮杀起来。铁木真的蒙古部和脱里汗的克烈部轮番进攻，不多时就攻破了寨子，杀死了他们的一个首领蔑古真。塔塔儿部落非常富有，不止车马辎重众多，还有许多金银珠宝，铁木真从中获得了银绷车和大珠裘，这两件物品还曾大幅出现在蒙古史书上，看来在当时是极其贵重的。此外，在松树寨，铁木真还捡到了一个可爱的小男孩，小男孩身上穿着貂皮里的金缎兜肚，脖子上套着金项圈，眼神懵懂，一看就是贵族的孩子。依照蒙古人的习俗，如果在大草原上捡到这种幼儿，就要像自己的孩子一样抚养，给予同亲生子女同等的待遇，并且受部族的保护。铁木真以前捡的阔阔出和曲出送给了母

老蒙文（畏兀儿文）的印章

亲诃额伦抚养，对这个小男孩也是这样。诃额伦见了这个小男孩非常喜欢，悉心教养，让他学习畏兀儿文，这个男孩长大后便成了著名的大断事官、大蒙古的丞相——失乞忽秃忽。

此次战争的胜利，为铁木真赢得了草原各部落的敬重，他的作战策略、军事才能和人格魅力为更多人信服。塔塔儿部遭受到了毁灭性的打击，幸存者也融合于其他部落，渐渐消失于蒙古草原。金朝的完颜丞相得到大胜的消息之后，非常高兴，便将同蒙古人的仇恨一笔勾销了，同时还代表朝廷封赏了铁木真和脱里汗。脱里汗被封为王，因他本身就是草原上有名的可汗，以后人们就尊称他为“王可汗”，也称为“王罕”。铁木真被封为“札兀忽里”，这一封号代表着他的地位已正式被金朝廷和草原各部族承认（参见霍天威著:《成吉思汗传》，河北人民出版社 2016 年版）。

5. 诛杀蒙古亲王

主儿勤部是铁木真的亲族。撒察别乞和泰出是合不勒汗的长子斡勤巴儿合黑的后裔。斡勤巴儿合黑之子是莎儿合秃主儿勤，莎儿合秃主儿勤之子即撒察别乞和泰出。莎儿合秃主儿勤的主儿勤部，在蒙古各部中是非常著名的。

莎儿合秃主儿勤为合不勒汗诸子之长，他挑选百姓中有胆、有智、勇健过人者组成自己的部落，起名为“主儿勤”。

十三翼之战后，很多部落脱离札木合投奔铁木真，铁木真设宴庆祝。宴席上，铁木真的司厨天乞兀儿按序敬酒，先给铁木真、诃额伦、合撒儿、撒察别乞，后给合屯们敬酒，排序以先给撒察别乞小母额别该敬酒，后给撒察别乞长母豁里真和二母忽兀儿臣敬酒。这件事让两妃挑了理：

“不先给我们敬酒，为什么先给额别该敬酒？”为此事，她们令人打了司厨。

这边宴会上闹得正欢，外边又传来厮打声。原来是后勤吵了起来，负责照顾孛儿只斤部的是铁木真的弟弟别勒古台，负责照顾主儿勤部的是合不勒汗第三子的孙子不里孛阔。由于不里孛阔的那可儿（秦兵）合答吉歹偷了孛儿只斤的马笼，别勒古台前去索要，不想不里孛阔有心袒护，二人理论时，不里孛阔竟拔刀砍伤了别勒古台的右肩。这下铁木真的那可儿忍耐不住了，正要一拥而上却被别勒古台拦下。他说：“我伤得不重，大家别因此伤了和气，把欢宴搞成了战场！”

外面剑拔弩张的气氛，铁木真很快就看出了端倪。他望着别勒古台流血的右肩问出了什么事，别勒古台只好如实相告，并劝道，事无大碍，不要因此动武，以免破坏了部落间的感情。

铁木真眼看着宴会内外孛儿只斤氏被主儿勤氏欺压，实在忍无可忍，气愤的他令部下折了柳枝，亲自指挥着与主儿勤人厮打起来。一场欢宴在铁木真的指挥下变成了械斗场，听起来有点儿戏，但是一个可汗带头打架,使得宴会上的所有人都紧张到了极点。最后，主儿勤人被制服，豁里真、忽兀儿臣二妃被扣押，事情才结束。

铁木真事后也后悔不迭，为了一时的气愤竟破坏了两个部落的感情。他主动将二妃送回，派使者与主儿勤人讲和。但是主儿勤人却不领情，怀恨在心，竟离开铁木真另寻了一处牧地放牧。

后来，讨伐塔塔儿又为两个部落和好提供了机会。被金朝钉死的斡勤巴儿合黑正是主儿勤氏的先人，讨伐塔塔儿也是为主儿勤人报仇。因此铁木真本着共同报仇的原则，想要与主儿勤人联合，暂时放下仇恨，共同对付敌人，但是，主儿勤人却拒绝了，这令铁木真失望至极。

铁木真讨伐塔塔儿之后，率部回营。刚到克鲁伦河上游哈澧濶秃湖之滨的老营，铁木真就发现营地已经被主儿勤人攻击了。主儿勤人趁蒙古部队远征时，掳掠了铁木真的老营，杀死 10 人，剥去 50 人的衣服。这种赤裸裸的挑衅行为彻底激怒了铁木真，他立刻整队出发，接着讨伐主儿勤人。在阔朵额阿剌勒附近的朵罗安孛勒答黑（即“七道岭”），两个部落对战了。满怀愤怒的蒙古族人将主儿勤人打得落花流水，除了首领撒察别乞和泰出带着家眷逃往帖列秃山口外，余众全部被俘。铁木真指挥军队追至帖列秃山口，俘获了撒察别乞和泰出二人。

在所有人面前，铁木真下令将这二位首领处死。

这一举动带给草原上各个部落很大冲击。在声名久远的合不勒汗后裔中，撒察别乞和泰出属于长支贵族，而铁木真属于幼支贵族。撒察别乞和泰出的祖父斡勤巴儿合黑是合不勒汗的长子，在当时继承遗产时就继承了王国的精锐——一批最勇敢的武士和弓箭手，主儿勤人就是这些精锐的后裔。此时，铁木真杀了主儿勤人的首领，俘虏了所有主儿勤人，向所有草原部落证明了他的强大，各位亲王这才真正地臣服于他，而不是只将他作为一个围猎和抢掠的组织者（参见霍天威著 :《成吉思汗传》，河北人民出版社 2016 年版）。

为了更好地树立威信，铁木真又准备向另一支蒙古亲王不里孛阔下手，不里孛阔也是合不勒汗的后裔，拥有主儿勤人的强壮体魄。

第二天，铁木真在宫帐举行庆祝宴会。宴会在架有 16 个哈那的铁木真大帐中进行。诃额伦坐上首，其次是孛儿帖夫人，右手依次坐着阿勒坛、忽察儿等孛儿只斤氏族的长者和首领们，左手坐着合撒儿、别勒古台、博尔术、者勒篾、木华黎等人。

宴会开始，由札儿赤兀老人致祝词，然后由司厨从诃额伦开始，依次敬酒，最后大家高歌饮宴。庆筵从午前至午后，结束时要进行摔跤比赛。

摔跤是蒙古族三项竞技（摔跤、赛马、射箭）之一，蒙古人个个喜欢，踊跃参加。这次比赛，共有 16 对摔跤手报名。

跤场设在大帐前的草坪上。冬天的草原银装素裹，但沸腾的人群已围满跤场。铁木真率众来到跤场就座，只见跤场上摔跤手东西相向，对列两排。歌手们开始高唱挑战歌，三遍过后，随着“摔跤手入场”的高喊声，穿着摔跤服的 16 对摔跤手雄鹰展翅般跳跃出场，绕场一周，来到铁木真面前行完礼，比赛正式开始。

经过几轮的搏战，最后只剩下两位勇士，号为“象和狮”的比试，一位是铁木真之弟别勒古台，一位是主儿勤氏的不里孛阔。

在冬季的严寒中，人们发了疯似的叫喊着，伸长脖子助威。人们认为不里孛阔一定会胜利，因为不里孛阔是蒙古各部出名的摔跤手，平时，他一只手就可以把别勒古台摔倒，他取得胜利应该是无疑的。

最后却是别勒古台压在不里孛阔的后背上。

人们感到非常奇怪，不里孛阔怎能被摔倒呢？

别勒古台看了铁木真一眼，铁木真咬了咬下唇，别勒古台会意，扳紧不里孛阔双肩，膝盖顶着不里孛阔腰眼,一使劲折断了不里孛阔的脊柱。不里孛阔说道:“别勒古台，你是不能胜我的，我因为怕铁木真，故意跌倒了，不想送了性命！”说罢他就死去了。

1196年，与铁木真共同剿灭塔塔儿人后，王罕领兵返回。但这期间，他的弟弟额儿客哈剌得到乃蛮部的亦难察汗出兵相助，已经占领了克烈部原来驻扎的地方。王罕回军与之交战被打败，只带少数人逃往合剌契丹（西辽）。他在西辽没待多久，与西辽王古儿汗关系破裂，又往外奔逃，经畏兀、唐兀，最后仅余5只奶山羊和几只骆驼，靠挤羊奶和刺取骆驼血饮食为生。

1199年，铁木真为帮助王罕复仇，出兵乃蛮。

此时，乃蛮部首领是亦难察必勒克，不古汗已死。其长子台不花占领南乃蛮，号“塔阳汗”。次子占领北乃蛮，号“不亦鲁黑汗”。

兄弟俩性格各异，从小不和。其父在时，曾言:“我知道，只要塔阳汗在我的位子上哪怕坐上几天，不亦鲁黑汗就决不会与其兄和睦相处。不亦鲁黑汗就像一峰骆驼，不到狼吃掉半条腿时，他是不会挪动的。”

因此，亦难察必勒克在生前就把兄弟俩分开，一在南一在北。其父死后，他们又争夺父亲宠爱的妃子古儿别速，关系更加恶化。

北乃蛮与王罕的克烈部接壤，因此铁木真、王罕首先进攻北乃蛮。札木合也带军前来支援王罕。

此时不亦鲁黑汗驻营在莎豁黑乌素。联军突袭，不亦鲁黑汗毫无准备，不敢迎战，带队越阿尔泰山向西逃去。铁木真派军猛追，活捉不亦鲁黑汗的探哨官，追至乞湿勒巴失海子（今乌泷古湖），将不亦鲁黑汗击溃。从此不亦鲁黑汗势穷力蹙，逃往楚河流域。

取得远征不亦鲁黑汗的胜利以后，铁木真和王罕便率部踏上归程。他们从阿尔泰山北坡和杭爱山南坡之间顺拜达里格河河谷而行。拜达里格河从杭爱山峡谷奔腾而下，向南注入一个咸水湖，湖的周围是芦苇

铁木真指挥作战时的蒙古包

和柽柳等植物。联军正行间，碰上一乃蛮战将可克薛兀－撒卜剌黑。这位乃蛮战将在拜达里格河河谷扎下营盘,要与蒙古联军争夺这个交通要道。两军摆开阵势，准备厮杀。但铁木真和王罕一看天色将暮，便决定先歇息，待明日再战不迟。

但这天夜里发生了一个非同小可的事件。半夜时，王罕竟命人点起了一堆堆篝火，制造假象，然后便在夜色的掩护下率部起营，溯合剌泄兀泐河谷，悄然撤走了。他临行时没有通知铁木真，这就势必使铁木真处于单独作战和遭到乃蛮人四面攻击的危险处境……

札木合现在已经是内心最敌视铁木真的人。在这次远征乃蛮的战争中，他随王罕一起出征。在班师的路上，在同王罕并马而行时，札木合在王罕耳边说铁木真的坏话，从而激起了心无主见的克烈部王罕对铁木真的不信任情绪。

铁木真压根没想到会有这种事出现。本着相互信赖的原则,他照常指挥军队扎营过夜。直到第二日早晨，铁木真醒来后才发现王罕已率部离开了。他意识到事态的严重性，马上下令拔营撤退，从杭爱山的另一侧渡额垤儿河回到撒阿里草原，这也是他们几个月前出发的地方。

此时的王罕正悄悄往土拉河上游的老营撤退，不曾想半路却被乃蛮战将可克薛兀－撒卜剌黑即追了上来。克烈部没有充分的准备，吃了败仗，许多克烈部人被俘，还有大量辎重和食物被掠去，桑昆（王罕之子）的妻子儿女也一并被俘了去。背信弃义的王罕不仅没有顺利回到老营，还被乃蛮部端了老底，懊恼不已（参见刘屹松著：《成吉思汗全传》，华中科技大学出版社2016年版）。

王罕势穷力竭，危急之中他又想起了铁木真。他一面命桑昆去追赶乃蛮人，一面迫不得已派人向铁木真求援。

铁木真被王罕欺骗，理当不救。但是如果他坐视王罕受挫，必将唇亡齿寒，敌人的下一个目标就是自己。所以他表现出宽宏大量的姿态，马上应允了王罕的请求，派遣自己的“四杰”——蒙古人用草原的方式叫作“四匹骏马”的博尔术、木华黎、博尔忽、赤老温率军往援。临行前，博尔术对铁木真说：“我没有快马，能不能把只乞不列让我用一下？”只乞不列是铁木真的一匹骏马的名字。铁木真将马交给博尔术，并对他说：“当你想让它奔驰起来时，可以用鞭子抚一下它的鬣毛，但不可用鞭子抽打它！”

援军未到之前，桑昆正和乃蛮人苦战，王罕的两员大将已经阵亡，桑昆的马腹被刺伤，以致险些跌下马来被俘虏。正在这个时候，出现了英勇威猛的铁木真“四杰”。博尔术看见桑昆的坐骑受伤，就要被敌人擒拿，便策马营救了他。博尔术当先突敌，众人随之冲击，将乃蛮人击溃。他们夺回了被乃蛮人劫走的人口和财产，并交还给了王罕。

王罕对铁木真的援助感激涕零，又以充满感情的口吻诉说也速该和铁木真父子对他的恩德。

他认为自己的儿子桑昆是没有能耐、没有亲信的人，所以表示要铁木真做桑昆的兄弟。这样他有两个儿子，便可以安心了。为此他把铁木真请到自己的驻地黑林中，正式举行结为父子的典礼，再次盟誓父子关系。当时的父子盟誓虽是"今朝是友，傍晚成敌"的混乱时代的盟誓,却意味深长。为了防止别人的挑拨，保持团结一致，他们又一起表示：

"以毒蛇般的口，来离间我们，我们不要上当，彼此要见面，断绝祸害根源。以毒蛇般的牙，来破坏我们的友爱，我们不要生疑心。要当面说清楚，除去一切疑窦！"

然而这一切誓词，不过是王罕和铁木真在暂时的共同利益面前的故作姿态。不可避免的彻底决裂，只是时间早晚而已。为表示诚意，亲上加亲，铁木真提议给长子术赤娶桑昆的妹妹未察兀儿别乞为妻。将自己的女儿豁真别乞嫁给桑昆的儿子秃撕合为妻。然而这个提议却被妄自尊大的桑昆嘲笑为一步登天，他还在重复"门当户对"的那一套，桑昆不知今日的铁木真已是潜在大地上的龙了。

6. 收服克烈部

面对铁木真的真诚和让步，桑昆竟越发自大起来，也越来越看不惯一步步强大起来的铁木真。桑昆通过亲信向王罕传达了自己对铁木真的不满："铁木真的野心很大，我们必须先下手为强，以免日后难以对抗他。"王罕在经历了乃蛮部之战后，觉得桑昆越发无能，而铁木真数次救了自己，还将每次战后掠夺的财物大部分都送给了自己，也从不忤逆自己的意思，这对他而言是相当不错的事。每每王罕都会训斥桑昆让他不要挑拨离间，但后来随着铁木真一次次打胜仗，王罕也不得不顾忌起铁木真逐渐强大的势力，尤其想到自己年纪愈大，铁木真却日益长进，便也改变了最初的态度（参见霍天威著：《成吉思汗传》，河北人民出版社 2016 年版）。

此时札木合、阿勒坛、忽察别乞儿都投靠在桑昆手下，他们想借助桑昆之手除掉铁木真。札木合和桑昆二人经过一段时间的筹划后，精心设计了一个计划：假意答应铁木真的求婚，然后设宴款待他，趁机在宴会上将他除掉。二人将计划详细报告给王罕，王罕听后觉得非常好，便派使者向铁木真传达了允准婚约之事，并邀请他参加订婚酒宴。铁木真听到这一消息很高兴，便着手准备赴宴。到了酒宴这天，铁木真率领一队人马，带着礼物，浩浩荡荡地出发了。刚走出没多远，铁木真一行人就遇到了蒙力克老人。这位老人是看着铁木真长大的，他询问铁木真何事令他如此兴奋，铁木真将王罕答应将女儿嫁给他的长子术赤的事情告诉了蒙力克老人，老人听后并没有高兴起来，反而一脸担忧。他对铁木真说："王罕数次背信弃义，而其儿子桑昆更是阴险狡诈，他们突然答应婚事，又邀你赴宴，这事儿没那么简单。大汗打探清楚再赴宴也不迟，以防中了他们的圈套！"这些话点醒了铁木真，他下马仔细考虑过后决定先派两名使者前去，并以春天马瘦多病为由，推迟到秋天马肥之时再赴宴。

见铁木真没有如约赴宴，王罕父子便决定趁他还没有防备的时候第二天直接围剿铁木真部。可巧的是，参加这次会议的有个叫也客扯连的贵族，他回家后把这个计划告诉了妻子，正好被过来送马奶的牧马人巴歹听到了。巴歹是铁木真的人，他得知这个消息后，立即和另一名间谍乞失里黑骑马飞奔铁木真营地报告消息。

在铁木真的帐庐后面，巴歹和乞失里黑将他们了解的情况全部禀报给铁木真。铁木真听后大惊，立即召集部下，命令他们抛弃所有辎重，连夜轻装撤退。

队伍一路狂奔，第二天夜晚，他们来到哈兰真沙陀。由于人困马乏，队伍的行动速度逐步放慢下来，王罕的前锋骑兵很快就追到了。铁木真不顾队伍疲劳，立即下令整顿队伍，准备迎战。

王罕父子蓄谋已久，经过充分准备，调集了大量军队，在数量上远远超过了铁木真的力量。但是他们对铁木真心存忌惮，王罕为了稳妥起见，下令组成4支主力纵队，准备轮番向铁木真进攻，一举消灭他。

札木合不想为王罕出力，他只希望王罕与铁木真相斗，两虎相争，必有一伤，自己正好从中渔利。他见王罕势力占绝对优势，铁木真难以抵挡，为了让两人血拼，札木合又暗中派人把王罕的战斗部署通知了铁木真。王罕请札木合为总指挥，带兵与铁木真交战，札木合一口拒绝了，他为了保存实力，战争一开始就离开了战场。

获悉王罕的战斗部署详情，铁木真心里终于有了底，他从容地部署了自己的军队，以骁勇善战的兀鲁兀人做前锋，声东击西，且战且退。这种战术很有效，大将术赤台带领的兀鲁兀人连着打击了王罕的4支纵队,还射伤了桑昆。王罕本来想和铁木真打一场持久战，但在部将阿赤黑失仑的劝告下决定先让桑昆养伤，停止追击。这样铁木真的军队得以喘息，铁木真带领军队一路撤退。在这次战斗中，情况之危险、力量之悬殊，是对铁木真最大的考验，在这种情况下还能保存实力实属不易。

铁木真一直退守到蒙古最东边的贝尔湖一带区域，几乎要退出蒙古界，他感到了极度的凄凉。走出克鲁伦河流域和贝尔湖地区的草原后，他的军队逐渐接近大兴安岭。在这里，铁木真又找到了牧草丰盛的草原，在这里他的部队得以休养，并不断扩充，收服了翁吉剌部是他在这里的最大成果。通过一段时间的休养和扩充，他的军队比以前更加强大了。

但是与王罕相比，铁木真的实力还是很弱。为了防止王罕再次进攻，铁木真派人向王罕表达了自己的忠诚，表示自己从无二心，还指责王罕听信小人谗言，背信弃义，并再次提出讲和。王罕受到感染，一时也生了悔恨之意，回想铁木真对自己的种种好处，不禁感慨地说："我老了，越发糊涂了，竟然恩将仇报，伤了与铁木真的父子感情，实在不应该啊！"

与此同时，铁木真也对克烈部进行分化、瓦解。他派人责问札木合、叛徒阿勒坛等人："你离间了我与汗父，现在我与汗父准备重归于好，希望你们不要再次对我们挑拨离间。"本来王罕与铁木真的修好就令札木合等人万分害怕，现在铁木真派人来责问更使他们担心不已，害怕会受到铁木真的报复。桑昆、札木合、阿勒坛等人各怀鬼胎、相互猜忌，他们以为铁木真正与其他人联合，对付自己！桑昆等人的内心受到了极大的震撼，开始动摇起来。不久，克烈部的一部分撒合亦人逃到了铁木真处，归顺了他。札木合、阿勒坛等人趁机逃到乃蛮塔阳汗处去了。这样，铁木真成功地化解了危机，瓦解了敌人，他受到重创的力量也开始恢复起来，为反攻做了精心的、全面的准备。铁木真的力量恢复之快、反攻步伐之坚决，是王罕和札木合所没有料到的。

在分化瓦解敌人的同时，铁木真成功地团结了自己的部下，使他们更加忠心地追随自己。蒙古族中至今还流传着“班朱尼河之盟”的故事，人们把这件事当作兄弟一心的典范。当铁木真被王罕的军队击溃的时候，他撤退到克鲁伦河下游的班朱尼河，手下只剩了 2600 人，大部分部众在战争中被冲散，只有 19 名将领紧紧跟随着他。因为所有的辎重都被抛弃，队伍长途跋涉，士兵们都饥渴难忍。这时一匹野马忽然奔来，铁木真捻弓搭箭，野马应声而倒。铁木真率领将士们饮马血、吃马肉。他拉着这 19 名将领，跪在班朱尼河边，对天发誓道：

“我铁木真有朝一日大功告成，一定与诸位同甘共苦，倘若违背此盟，就让我变成这河中的浑水！”

铁木真用他的誓言深深地打动了手下的将士，在场者无不感激涕零，甘心为他所用。后来，这 19 名将

班朱尼河之盟

领都成了蒙古国的开国功臣，无一背叛。从这一点上来看，铁木真收买人心的做法实在高人一筹。他不用虚情假意，而是利用自己的赤胆真诚，只是短短几句话，就能使手下人以死相报，这更加显示了他的高明之处，也是他人格魅力的光辉写照。

危机度过以后，铁木真苦心经营，离散的部众又渐渐归来，无论人多人少，铁木真都给予妥善安置，分配给他们牛羊。一些临近的部落听说他如此仁慈，也纷纷去投奔他，队伍日渐壮大，铁木真的势力终于恢复了。

铁木真的志向像辽阔的草原一样远大，他绝不满足于做一个部落的首领，他要做全草原的大汗。当时机一旦成熟，铁木真决定“先下手为强”。铁木真决定掌握主动权，主动去打击敌人。

机会终于来了。1203 年年初，王罕在与金兵的交战中大败，损失了一半的兵力，仓皇逃到了漠北。铁木真决定利用这个机会，趁王罕心神未定、势力未复之机给其以毁灭性的打击。王罕虽然受到了重创，实力却仍然存在，逃到漠北之后，他立刻招募散失的部众，积蓄恢复力量。

1203 年秋，铁木真在准备攻打王罕的克烈部之前，派合撒儿的那可儿哈柳答儿、察兀儿二人为使者向王罕伪传合撒儿愿降于王罕的消息，乘机探明王罕的情况。

合撒儿叫来这二位密使，面授道："你们二人见王罕，可以我言告王罕：父汗，我四处寻觅我兄铁木真，未得见其踪迹也；我呼而唤之，不闻其回声也。我夜无栖身之帐篷，聊以星空为穹也；我寝无所抬之头颅，但以秃地为枕也。我之妻儿尚在父汗处，心中甚念也。倘得父汗赐我希望与保证，我其复归父汗处也。"

合撒儿这么说的目的一是使王罕放松警惕，二是探明王罕的情况。二位密使事先已经接到铁木真的命令，在完成此次任务后，马上返回阿儿合勒苟吉同铁木真会面，面呈王罕的所有情报。

密使出发后，铁木真便令全军拔营去往下克鲁伦河河谷，在阿儿合勒苟吉驻扎，等待哈柳答儿和察兀儿二位密使返回。

哈柳答儿和察兀儿昼夜兼程，没几天就来到了王罕部。二人拜见了王罕,充满诚意地转达了合撒儿的话。王罕对此没有任何怀疑，当即表示欢迎，还说要合撒儿不必有所顾虑，他会派亦秃儿坚前往接应他们部落。并且确信铁木真早已逃走，便高枕无忧地升起他的金帐，饮酒作乐。同时，作为和解和原谅的保证，王罕派亦秃儿坚为使，带去一只牛角，角内盛有些许王罕的指血（就像他前不久刺破手指，盛其血送给铁木真一样），送给合撒儿，以表达他的诚意。

合撒儿部有几千人马，王罕对他的来归非常高兴，这些人马正好可以壮大军队。现在铁木真已落荒而逃了，但金人正对王罕虎视眈眈，令他不得不全力应对。两位密使回来后向铁木真报告了这一情况，合撒儿建议趁此时王罕对铁木真无所防备时全速前往围歼，铁木真当即接受了这一提议，部署军队。

王罕对所发生的一切悄然无知，他只顾招兵买马，重整旗鼓，哪里想到一个最危险的敌人正在悄悄地逼近。当铁木真的军队准备发动进攻的时候，王罕还在自己的宫帐中宴饮，庆祝自己增添了新的力量。他喝得醉醺醺地回营休息，直到铁木真冲锋的号角将他从睡梦中惊醒。克烈部毕竟实力犹存，他们的力量仍然胜于铁木真,这一场激烈的战斗持续了3天3夜才结束。

依靠这种出其不意的突然袭击，铁木真冲垮了王罕的队伍，打乱了敌人的部署。铁木真部下的骁勇善战也加速了王罕的灭亡，这场根本不可能的胜利凭着铁木真的勇猛和胆识就这样发生了，最强大的草原霸主王罕被彻底消灭了（参见霍天威著 :《成吉思汗传》，河北人民出版社 2016 年版）。

在这场混战中，王罕企图重整队伍，与铁木真决战。眼看营帐里四处惨声一片、火光冲天，在大势已去的情况下，只能与桑昆夺路逃走。人到穷途末路方才反思自己的过错，王罕对与铁木真决裂后悔不已，正是与他的决裂才造成了如今的举目无亲、遭受袭击的痛苦。而这一切都是桑昆引起的，此刻王罕对桑昆怨恨之极，最后终于与他分道扬镳。王罕在逃到乃蛮部时被那里的守将杀掉，而桑昆只身一人逃往西夏，后来逃到西域地区的曲先（今新疆库车），因为抢掠而被当地人杀害，桑昆的妻子和儿子最后被送到了铁木真处。

强大的克烈部已经成为明日黄花，克烈人成了铁木真的部属，王罕的领土也归铁木真所有，蒙古草原的绝大部分地区都成了铁木真的领土。

当铁木真必须依赖王罕的力量的时候，他每次都把大部分牲畜、财物等战利品让给王罕。可惜王罕是个贪婪而又昏庸无能的君主，他与铁木真结盟，只是把他看作可利用的臣子、生财的工具，每一次的出兵，也只是一味地掠夺，甚至连铁木真该得的那一份战利品也不放过。而铁木真从没有将这些蝇头小利放在心上，他损失了一些财物，却扩大了牧地、部众。铁木真以物质上的付出巩固了暂时的同盟，壮大了实力。当他的实力强大到可以与王罕对抗的时候，他与王罕的矛盾也就越来越不可调和了。转眼间，盟友变成了敌人，经过几年的艰苦卓绝的战斗，铁木真终于消灭了长期的盟友、王罕统率的克烈部。

在平定克烈部的过程中，铁木真充分地运用了自己的力量，并抓住了与札木合和王罕联盟后没有防备的时机；而自己又能通过联盟增强自己的实力、扩大自己的影响，当自己的力量强大以后，又不失时机地消灭对方，这是一种上乘的制胜心法。铁木真对部落之间的交往掌控自如，在与对方的竞争和合作中不断地寻找契机和强盛之道，他的强大和成功是水到渠成的事。

三、草原霸主，打造帝国

1.“天可汗”

在控制了蒙古草原的大部分土地后，铁木真才真正拥有了可汗的地位。他征战草原多年，顺应了时代的发展，此时他下一步的计划就是建立国家，平定周边势力，一统草原。

1205 年冬，铁木真大军返回斡难河老营。铁木真到达营帐后，第二日就祭祀了不儿罕山。当晚，通天巫阔阔出（蒙力克老人的第四子）上了不儿罕山。天亮后，阔阔出回到大营，并对铁木真说：“昨夜我到不儿罕山面见了天帝，天帝说你到了做大汗的时刻了，号可为‘成吉思’。”

听了此话，铁木真连忙向苍天遥拜，并问道：“你曾经在消灭克烈部时传达天地旨意，说我是合木黑蒙古之汗，现在又说我是成吉思汗，这是什么意思呢？”

阔阔出闭目仰天道：“自天帝第一次传旨，到现在已经3次了，天帝无所不知，无所不晓，这次赐予的称号永世不得更改，这寓意着你是四海内的大汗，拥有至高无上的权力，因此赐予你这个吉祥的称号，希望草原上你的子民永远幸福。”

众人也纷纷说道：“整个草原几乎都在您的统治之下了，各个部落都想归到您的麾下，您应该一统草原，做大汗，以顺应天意！”

聪明的阔阔出看出大伙的意思，于是更加认真地说道：“天帝告知我，铁木真的称号为‘成吉思’，可没告诉我具体意思，我自己琢磨了一下，有几个解释说给大家听听：各个部落都有可汗，有些自大的可汗就口无遮拦，如札木合称自己‘古儿汗’，意思就是普天之下的可汗；乃蛮部可汗称为‘塔阳汗’，意为全世界的可汗；西夏西南部的可汗还有称‘达赖汗’的，就是四海之内的可汗的意思。他们的称号虽然很响亮，但他们的部落无一例外地消失在大草原上，而我们的可汗不会再承袭这些被玷污的称号。还记得5年前，我们打败札木合时，天空飞来一只朱凤鸟在大汗帐外鸣叫，它的叫声不就是‘成吉思’吗？现在想来，那朱凤鸟才是天帝传音！”

虽然压根就没有人记得5年前朱凤鸟的叫声，但铁木真还是被阔阔出的话打动了，他的部将们也都听得入了神。有几个部落的信仰不是萨满教，他们虽同意不要承袭其他部落的可汗称号，但是对“成吉思”这个称号还有所保留。阔阔出不仅能言善辩，还积累了丰富的知识。为了使大家没有任何疑虑，他又从字面意思上给大家解释了一番，他说：“从我们蒙古来讲，‘成’有坚强的意思，‘思汗’代表众数，也就是说，成吉思汗应该是众人的可汗；从另一方面来讲，‘成’又有强大、伟大之意，‘吉思’有最大的意思，可理解为最伟大的可汗；还有一种理解，‘成吉思’音同‘腾吉思’，表示海洋之意，成吉思汗可作为海内可汗解释；若这几种解释都不理解，那‘成吉思’按照吉祥之意理解也可以！”

铁木真突然打断了阔阔出的话问道：“照此说来，这与你刚才说的古儿汗、塔阳汗、达赖汗的意思不是差不多吗？”

阔阔出慎重地考虑了一下，不过这种问题是难不倒他的，他接着说道：“的确有相似的地方，但我并不主张那样理解，因为以上说法都不足以说明我们可汗的伟大之处。汉人称呼第一个统一中国的人为‘始皇帝’，说明他的功绩盖过三皇五帝；而‘成吉思汗’是天帝所赐，是我们蒙古的‘始皇帝’。匈奴有个冒顿单于，正是他杀死了我们的祖先，他自称‘撑犁孤涂单于’，也就是‘天单于’，与汉族文书来往，就称为‘天所立匈奴大单于’。此后突厥、回纥有所谓‘登里可汗’，即‘天可汗’；‘爱登里罗汨没密施合毗伽可汗’，即‘天赐福神武智慧可汗’。契丹的耶律阿保机自称‘天皇帝’‘天皇王’，甚至唐太宗李世民也曾被漠北诸部尊为‘天可汗’。我认为‘成吉思’一语，与匈奴语的‘撑犁’、突厥和回纥语的‘登里’、汉语的‘天’或‘天赐’含有同样的意义，成吉思汗就是天可汗、天皇帝。”（参见朱耀廷著：《成吉思汗全传》，北京出版社 1991 年版）

这一席话说中了铁木真的心思，诸部那颜也都觉得非常好，一致推举铁木真的称号为“成吉思汗”，铁木真很高兴地同意了。接下来就是定国号了，铁木真和部将们讨论过后最终将国号定为“也客·忙豁勒·兀鲁思”，汉语就是“大蒙古国”。在此之前，蒙古部落只是一小部分，分散在漠北草原的十几个部落，都有各自的名称，而从这时起，蒙古完成了草原各部落的融合，以一个统一的民族共同体出现在世界历史的舞台上。从此，铁木真被尊称为“成吉思汗”。

1206 年春，成吉思汗在斡难河畔举行了大蒙古国建国大典。在风和日丽的草原上，人们用 8 根顶柱、

成吉思汗登基大典

24 块哈那（搭建蒙古包的木棍）支起一顶威严壮丽的宫帐，帐顶用蓝色花边装饰，边缘闪动着金线的光芒。成吉思汗站在宫帐前，一阵锣鼓声和奏乐声过后，他宣布道："仰仗上天的护佑，依靠大地母亲的垂顾，得到千万百姓的支持，我即蒙古汗位，国号命名为大蒙古国！"话音刚落下，所有人都欢呼起来。

就这样，成吉思汗成立了一个统一的大蒙古国，这是一个和当时的金、西夏、南宋、西辽并存的中国地方政权，从根本上区别于以往的部落联盟，完成了蒙古草原从奴隶制到封建制的转化（参见吴阿仑著：《创业男成吉思汗》，南方出版社 2011 年版）。

2. 封赏功臣

庆典接着进入第二个阶段：封赏功臣。

成吉思汗封赏的第一个人便是蒙力克老人，他感激蒙力克老人在半路谏阻，才使得他未中王罕父子奸计。他许蒙力克老人坐于他的右上角，每月都给予赏赐，直到子孙不绝。

第二个被封赏的是赤胆忠心的博尔术。博尔术在13岁时帮铁木真追回被盗贼劫走的8匹白骟马。作为富翁的独子，博尔术没有留恋家庭、财富，之后一直追随成吉思汗征战草原，还数次拯救了他的性命。成吉思汗回想起在不儿罕山一起躲避篾儿乞人的追杀时，博尔术救了中箭的他；在答阑捏木儿格思与塔塔儿对阵时，博尔术站了一夜，为他遮雨……成吉思汗感念他从小到大的忠诚和数不尽的功劳，于是封他为第二千户兼右翼万户长，地位在群臣之上，统辖汗庭以西至阿尔泰山的广大地区，并可享9次犯错不受罚的待遇。

木华黎是被封赏的第三人，他与博尔术一起建立了许多功勋，成吉思汗封他为千户兼左翼万户长，统辖汗庭以东至哈剌温只都山（今大兴安岭）的广大区域。木华黎的父亲孔温窟哇早年就带着弟弟及两个儿子投奔了铁木真。当年为了躲避乃蛮人的追击，铁木真携孔温窟哇6名随从骑马逃走，半路上铁木真的马突然死掉了，孔温窟哇让出了自己的马，留在后面与追兵激战而死。木华黎继承了父亲的忠诚和英勇，立下显赫军功，与博尔术、博尔忽、赤老温一起被称为成吉思汗的“四杰”。

接着成吉思汗封赏了豁儿赤。豁儿赤最早依附于札木合，后来因做了个梦，梦到天将命铁木真为君王，便率部归顺于铁木真，并要求铁木真在做了君王后赏他做万户，允许他挑选30名美女为妻。于是成吉思汗遵守承诺，赐给他赤那思族、脱斡劣思族、帖良古族的百姓，使他的人口达到1万人，又让他在受降的百姓里挑选30名美女为妻，管辖额儿的失河（今额尔齐斯河）林木区域。

然后封赏的是忽难，他是格泥格思族人，成吉思汗说他是：“黑夜里像凶狠的野狼，白天像粗暴的乌鸦，迁移时不遗一物，留守时决不移动，对于敌人不给好的颜色，在仇人面前不为私利动心。”他被封为管领格泥格思的千户，同时也被认为统辖成吉思汗长子术赤所属百姓的万户。

巴阿邻人纳牙阿因为忠贞而受封为中军万户那颜。纳牙阿本是敌人塔里呼台的那可儿，他曾和父兄捉住了塔里呼台，但随后就放了他，纳牙阿说属民不可以侵犯自己的领主。成吉思汗认为纳牙阿是个通晓事理之人，一直委以重任。后来纳牙阿又顺利地护送了忽兰姑娘（后成为忽兰皇后），成吉思汗更加信任他。

兀鲁兀部首领术赤台，被封为管辖兀鲁兀的千户那颜，同时，成吉思汗还将自己的侧妃亦巴合别乞赐给他做妻子。术赤台带领的兀鲁兀部一直充当主力军。与克烈人作战，术赤台一连打败了只儿斤人、土绵土别格人、斡栾董合亦人和豁里失列门的1000名护卫，并射伤了桑昆，铁木真军队才得以脱险；后来术赤台又做前锋征服了克烈部……术赤台武艺过人，勇冠三军，立下赫赫军功。

成吉思汗“四狗”之一——哲别雕塑

还有在战争中冲锋陷阵的“四狗”：忽必来、者勒蔑、哲别、速不台。成吉思汗称赞他们犹如他的4条猛狗，无论他想往哪里去，这4人都会义无反顾地冲锋在前。他说：“我在战场上叫你们‘四狗’做先锋，叫博尔术等‘四杰’做随从，再叫术赤台、畏答儿带领兀鲁兀和忙忽人立在阵前，我就安心了！”“四狗”都被封为千户那颜。

对哲别勇士，成吉思汗深有感念地说：“你的父亲札儿赤兀老人在我刚刚出生的时候，背着风箱从不儿罕山下来，不顾还在襁褓中的你，将貂鼠皮的襁褓送予了我，你我是在同一个襁褓里生长的孩子。后来你追随我立了许多军功，我赏赐你犯错 9 次不罚。”

对他母亲诃额伦夫人抚育的 4 个养子——失乞忽秃忽、博尔忽、曲出、阔阔出（与通天巫阔阔出非同一人）都被封为千户。

成吉思汗也没有忘记忠心耿耿地为他战斗而死的勇士们以及他们的子孙。他说：“畏答儿在战斗中首先请战，立有功劳，应当给他的子孙们以抚孤的赏赐！”他又对察合安豁阿的儿子纳邻脱斡邻勒说：“你的父亲察合安豁阿忠勇作战，在答阑版朱思之战中为札木合所杀。现在以你父亲的功劳，给你以抚孤的赏赐！”纳邻脱斡邻勒说：“我族捏古思人分散在各部，倘蒙恩赐，请允许我把捏古思的兄弟们聚集起来。”成吉思汗于是下令：“你可以聚集你的捏古思兄弟们，世世管辖！”（参见吴阿仑著：《创业男成吉思汗》，南方出版社 2011 年版）

3. 建立典章

成吉思汗用了 20 多年的时间，完成了蒙古的统一，建立了一个真正意义上的国家——蒙古帝国！国家虽然已经建立，但是要对还未从奴隶社会走出的蒙古人进行封建统治，建立职能完备的封建国家，无疑是个极具挑战性的课题。成吉思汗之前，蒙古部族从来没有统一过，更没有建立起过国家制度，在没有任何历史经验可以借鉴的条件下，成吉思汗开创性地制定了一整套的国家制度，把国家纳入了正常运转的轨道。

成吉思汗的成就首先表现在军事方面。他依靠军队起家，因此对军队的建设特别关心。1204 年，刚刚起步的成吉思汗把自己的全部部众编组为十户、百户、千户，初步建立了千户制度，用统一的组织来管理军队。千户组织是蒙古国的地方行政组织，也是经济组织和军事组织，是三位一体的基本组织。随着蒙古国的建立和发展，成吉思汗及后人进一步对千户制度进行完善发展，逐步成为蒙古国政治体制的最根本制度。

为了加强自我防卫，对内保护大汗的安全，对外进行侵略征战，成吉思汗建立了护卫军——怯薛制度。怯薛就是大汗的亲军，由蒙古的世家贵族子弟和忠诚精壮者组成，是蒙古军队的精华之所在。随着蒙古领土的不断扩展，怯薛的阵容也日渐庞大，成吉思汗最后确定怯薛的人数定额为1万人，其中有1000名弓箭手，1000名宿卫军，8000名散班。这些人都担负着同样一个任务，就是保卫成吉思汗的安全，按照大汗的意志处理各种事务。成吉思汗4个亲信手下，博尔忽、博尔术、赤老温、木华黎被任命为世袭的怯薛队长。怯薛军虽然人数有限，但是他们对成吉思汗忠心耿耿，作战能力、武器配备超强，是大汗的御用亲军。成吉思汗深谙帝王之术，怯薛不仅是他对外征服的一把利剑，也是对内统治的政治平衡木，他手握重兵，指挥自如，才能坐稳江山。

赤老温

成吉思汗终生征战，以武力夺取政权、建立政权，可以说完全是马上得天下。但是他很清楚地看到马上得天下不能马上治天下，所以在领土不断扩大的同时，他也在不断地进行着维护和巩固政权的斗争。

领户分封制是蒙古汗国和元朝立国的最基本的国

家体制。成吉思汗统一蒙古之后，为了巩固统治，打破了原来的牧民组织氏族制形式，实行领户分封制。这是一种政治、军事与生产合一的组织制度，它把全国的牧民按地区划分，每一地区按十户、百户、千户、万户编制，各设“长”以统领之。万户长和千户长由成吉思汗亲自分封，直接统领。

蒙古兴起以前，成吉思汗刚刚开始打天下的时候，他就向手下的弟兄们许愿说：“如果我夺取了天下，我们就各分土地，共享富贵。”在蒙古国建立的过程中，成吉思汗不断夺取土地，他践行了自己的诺言，逐步实行了“忽必—莎余儿合勒”分封制度。

“忽必—莎余儿合勒”是一个蒙古语词，“忽必”是“分子”的意思，“莎余儿合勒”是“恩赐”的意思。按照蒙古族古老的传统，每个儿子都有权分得父亲的一份遗产，这就是“忽必”。成吉思汗把刚刚建立的蒙古汗国看作是属于他父亲也速该家族的，凡是也速该的子孙都有权分得一份。成吉思汗首先给自己的母亲、弟弟和儿子分了人户，也速该的其他直系亲属也每人分了几千户。在蒙古语中，成吉思汗的弟兄和儿子分得一份人户被称作“可卜温”,即汉语中“宗王”的意思。

成吉思汗建立了自己的直辖领地，他把自己的大营建在斡难河、怯绿连河上游和斡耳罕河流域一带，这些地区水草丰美，适合放牧，又是蒙古乞颜部的发源地，是蒙古立国的本部。随着战争的不断深入进行，成吉思汗夺得了大片的领土，他陆陆续续又划分了诸王领有的地域。后来元史上所谓的左翼诸王和右翼诸王，就是在这一时期形成的。成吉思汗把自己大营以东的地方分封给了弟辈，形成了左翼诸王：别勒古台领有斡难河、怯绿连河中游；合赤温领有金边墙外的北接别勒古台分地，东至合剌温山，南抵胡卢忽儿河的兀鲁灰河和合兰真沙陀；合撒儿领有也里古纳河、海剌儿河和阔连海子一带；幼弟斡赤斤领有大兴安岭以东，一直延至嫩江、松花江一带。成吉思汗把自己大营以西的疆土分封给了子辈，形成右翼诸王：长子术赤领有也儿的石河以西，咸海、里海以北，向西马蹄所至之处；二子察合台领有别失八里以西至阿姆河一带的广大地区；三子窝阔台领有叶迷立河流域和按台山一带；依照幼子享受产业的传统习俗，拖雷承袭成吉思汗的营地，领有蒙古本部。

诸王受封，不但土地归他们所有，在其土地上生活的人民也归他们所有。这样，诸王的“忽必”（意指“分子”）就包括了人户和封地两个内容，被称作“兀鲁思”。“兀鲁思”是一个古老的蒙古语词，它最初的意思是指“人民”，后来逐渐有了“人民—分地”“人民—国家”的含义。这个词的词义的变化正好反映了成吉思汗刚刚建国时期蒙古国分封制的发展过程。

只分封土地是不够的，还要建立各地的长官“那颜”。成吉思汗建国初期，共任命了95个千户那颜，这就是“莎余儿合勒”（恩赐）。“莎余儿合勒”是从成吉思汗和他的那可儿（蒙古语，意为门户奴隶。这里是指他的亲兵和伴当）之间的主从关系中发展出来的，那可儿追随成吉思汗四处作战，为开疆建国立下了功勋，对于有功的那可儿，成吉思汗任命为千户长，以示酬答。除了立有军功的那可儿之外，“莎余儿合勒”也给予主动归顺的部落首领，以示安抚。通过这种恩赐而形成的千户，基本上会保存原来的氏族血缘关系。由于长年战争，各个部落的人数都有减少，许多千户就四处收集暂时没有归属的人户，或从其他部落抽出部分人户重新编组而成。

无论如何分封，大汗的权威是不可动摇的，他对于分予诸王的“忽必”和赐予千户长的“莎余儿合勒”都有最高的宗主权。但是，两者在名分和权位方面仍有一定的差别。诸王的“忽必”是独享的，大汗不能把它撤除。诸王有权在自己的兀鲁思内设置怯薛和政务机构，任命属官，审断案件，有权参加大汗召集的忽里勒台大会，商议国家大事。千户长的“莎余儿合勒”是从大汗手中领受的，大汗可以予以剥夺或重新赐予。千户长也可以参加忽里勒台大会，但是只有少数建有殊勋、地位较高的千户长才有发言权。千户长无权设置政务机构，所有事务由大汗设置的军事行政系统管理，官吏的任免权属于大汗，千户长无权过问。千户的内部结构都是一样的，千户之下，人户编组成百户和十户，设百户长和十户长。千户长、百户长和十户长对人户实行严格的控制。千户长仅有权在自己的“嫩秃黑”的范围内指定牧民在一定的地域内驻营和游牧，或者封禁一定的地域。在隶属关系上，千户长由诸王和万户长管辖，他们的权位要比诸王和万户长低。

早先蒙古按照血缘关系划分部落，成吉思汗崛起之后，这种血缘氏族关系被陆续打破了。从千户的成员组成情况来看，大部分千户是由不同部落的人混合组成的。经过多年的战争，原始社会晚期的部落氏族组织进一步瓦解。原先人数众多的大部落，如塔塔儿、克烈、乃蛮、蔑儿乞、泰赤乌等部落，被成吉思汗打败后，其部众除了被杀死的，都被分给了成吉思汗的部将、那可儿们。成吉思汗的部将们还各自聚集了不少散亡的百姓组成千户管理。还有一些为成吉思汗忠心效劳，但没有在战争中掳获百姓的那可儿，成吉思汗也准许他们聚集散亡的百姓组成千户管理。只有一小部分千户是由原来同部落的人组成的。例如汪古部主阿剌兀思剔吉忽里管领汪古部人 5000 户，亦乞列思部人孛秃驸马管领亦乞列思部人 2000 户等，经过成吉思汗的批准，他们可以任命亲族为千户长。此外，归顺成吉思汗的斡亦剌部主忽都合别乞也管领其本部4000户，多年为成吉思汗忠心效力的一些尼伦蒙古部落的氏族贵族或其后裔，也准许管领其本部百姓，他们都有权自己指派各千户长（参见霍天威著：《成吉思汗传》，河北人民出版社2016年版）。

总之，千户组织是蒙古国的经济、行政、军事三位一体、军政合一的基本组织制度。千户制度是蒙古国统治体制中的最基本的制度。

首先，千户是经济组织。按千户分配各部落、贵族、牧民的活动范围，以十户、百户、千户为单位进行放牧和狩猎。“每一个首领都知道自己管理人数的多少，都清楚自己牧地的界限，春、夏、秋、冬四季轮回，他们知晓应该在何处放牧，把牛羊养得膘肥体壮”。千户长“掌管着隶属于他的百姓，分配良好的牧地，随意指挥他们游牧”。所有牧民都应在本管千户内落下户籍，负担徭役征发。《蒙古秘史》中记载：

“其赋敛，谓之差发，视民户之畜牧多寡而征之……其民户皆出牛马、车仗、人夫、羊肉、马奶为差发。”

除了国家所征收的赋税之外，诸王、勋贵也常向牧民征收财物。阿拉伯史学家在蒙古人入侵后，长期观察蒙古的经济制度，他们写道：“鞑靼皇帝和首领们可以随意取用臣民的财产，想取什么就取什么，想取多少就取多少，甚至他们的人身也完全受大汗与贵族们随心所欲的支配。”因此，与其说蒙古牧民是放牧自己的畜群，不如说他们是放牧他人的畜群。总之，分配牧场，组织放牧和狩猎，征派赋税徭役，乃至诸王、勋贵的任意需索，都是通过千户这种基本经济组织进行的，千户构成了蒙古的基本经济单位。

其次，千户是蒙古的基本行政单位。建立千户后，全蒙古百姓被纳入严密的行政组织中，由大汗委任的那颜世袭管理。俄国史学家符拉基米尔佐夫指出：“百户长、千户长、万户长的职衔是世袭的，带有这种职衔的人获得那颜这一共同的称号，即官人、领主、军事领主的意思。人民按十户、百户、千户来划分，分给十户长、百户长和千户长，登入特制的簿册中。”千户构成了蒙古政权的地方行政单位。

蒙古的行政统治是相当严格的，曾访问蒙古的教皇使者普兰诺·加宾尼记载了这样的内容：

除了蒙古大汗指定的地方外，没有人敢驻扎在其他地方。蒙古大汗亲自指定王公万户们驻扎的地方，王公万户们指定千户长驻扎的地方，千户长指定百户长驻扎的地方，百户长指定十户长驻扎的地方，以此类推，各千户所管辖的百姓，不准变动。

为了加强统治，防止划分好的千户发生变动，成吉思汗颁布的扎撒明确规定，牧民从一个十户、百户、千户不得转移到另一个十户、百户、千户中去，也不得到别的地方寻求保护。否则，违反者和收容者都必须被处斩。

千户长们还掌握着地方行政权和司法裁判权。蒙古那颜在其千户、百户内俨然是一个专制君主，依照成吉思汗颁布的扎撒和蒙古习惯法对人民进行审判，一切审判事件，都由那颜千户长来裁决。

再次，千户又是基本的军事单位。成吉思汗被推举为大汗时，建立了 89 个千人队，到他晚年时期，千人队的数目达到128个。千人队是层层隶属的军事组织，其下辖有百人队，百人队下辖有十人队。全部千人队归左、中、右三大万人队管辖。作为行政长官的各级那颜千户长、百户长，同时也是管理军队的各级军事长官。蒙古国全民皆兵，除老弱病残外，每家凡是 15 岁至 70 岁的男子，不论多少，都要服兵役，随时听从命令，由千户长组成千人队，率领出征。蒙古牧民成年男子战时是军人，平时仍是牧民，“上马则备战斗，下马则屯聚收养”。

各级那颜十户长、百户长、千户长等，是高踞于蒙古牧民之上的统治者，他们是蒙古大汗封的世袭的军事封建领主，在其管辖的范围内，掌握着分配牧场、组织放牧狩猎、征收赋税、分配徭役和统领军队等权力，享有行政、司法、民事、军事等大权，高级那颜还可以参与选举大汗、商议国事和管理朝政。大汗的赏赐，战争中的掳掠，使各级那颜拥有大量牲畜、财物和奴婢，建立了特殊功勋的那颜，还被授予各种特权，成为蒙古牧民头上作威作福的特权阶层。那些对成吉思汗有救命之恩的人，如乞失里黑、锁儿罕失剌、巴歹等，被封为“答剌罕”，意思是可获得自由享受权益的人，他们被大汗特别免除了贡纳义务，作战时掳掠财物、围猎时杀死野兽都可以自己留下，他们还可自由选择牧地，随时去见大汗，享有 9 次犯罪不受惩罚的特权。大汗举行宴会时，“答剌罕”享受同宗王一样的待遇，可见其地位之高。

蒙古社会原有的父权制人身隶属关系，在成吉思汗发动大规模战争、统一蒙古的新的历史条件下发展，形成了独具特色的蒙古国家的基本国家制度。按北方游牧民族传统的十进位制，全部人户都被编入十户、百户和千户，千户是这种分封的基本单位，人户隶属于各个千户长，人身隶属关系构成了这个制度的基础。分封关系打破了蒙古传统的血缘氏族关系，蒙古脱离了原始社会组织，进入了阶级社会——早期的游牧封建社会时期。父权的军事分封仍是这个社会的主要特征，包括大汗、诸王、贵族、千户长那颜和由原来氏族的兀鲁黑、门户奴隶、奴隶演变而来的哈阑是这个社会的两个基本的对立阶级。

成吉思汗常常利用联姻关系化敌为友，巩固同盟。

因此，当他进行分封的时候，受分封的还有很多姻族。翁吉剌部、亦乞列思部、汪古部、斡亦剌部等部贵族和勋臣都受封。姻族领有本部军队和百姓，有自己任命千户长的权力，这些贵戚也形成了几个半独立性的藩部。勋臣的分封，要比贵戚低些。但不论贵戚还是勋臣，都不能与“黄金家族”等量齐观。土地虽然实行分封，但所有领地都归大汗所有，为大汗直辖，受封的贵戚和勋臣都称为“投下”。最亲信的那可儿博尔忽、木华黎、赤老温、博尔术、哲别、忽必来、速不台、者勒蔑、术赤台和畏答儿被时人称为“十投下”。

成吉思汗按照自己的需要，把部民和被征服者编入各千户组织，使往昔彼此对立的、互不统属的部落、氏族瓦解，建立起全国整齐划一的政治军事组织，全蒙古高原的百姓都服从大汗的唯一统治，成吉思汗建立起了中央集权的蒙古国家。成吉思汗的创举不仅维护了自己的统治，而且确立了蒙古及随后的元朝的国家制度。

建国初期，统治蒙古各部的法律就是习惯法。成吉思汗发现世风日下，他是这样描述的：“先是窃盗奸通之事甚多。子不从父教，弟不从兄教，夫疑其妻，妻忤其夫，富不济贫，下不敬上，而盗贼无罚，然至我统一此种民族于我治下以后，我首先着手之事，则在使之有秩序及正义。”所以在成吉思汗登临汗位之际，为了加强大汗的权力，巩固自己的统治，即颁行《大扎撒》法典，以法治事。他利用当时社会中一些对巩固新兴帝国秩序有利的习惯法，把它们制定成法律，强制人们遵守。

成吉思汗对于当时社会中所存在的主要问题，采取了他认为可行的策略。他废除了蒙古各族一直奉行、在他们当中得到承认的陋习，制定了值得称赞的法规。他针对每个场合、每种情况、每项罪行都制定了相关的法令、律文和刑法，并且将这些扎撒、律令记录在卷帛上，称为“扎撒大典”。成吉思汗将其颁布于大汗统治下的蒙古各地，具有最高的法律效力。

整个蒙古国都要以这个大典来治理。每逢国家大事，诸王那颜集合，都把扎撒拿出来敬读。扎撒规定：对于杀人、抢劫、偷盗、强奸、耍奸、巫蛊之术害人者都要处以死刑。而成吉思汗认为草地是蒙古人的根源，因此他在大扎撒中严格规定了对于草原保护的法令，如不准在草地挖坑、不准焚烧草地、不准向草地泼洒秽物等。

成吉思汗还建立了司法行政机构，任命了蒙古的最高断事官。“惩治盗贼和欺骗者，该惩办的惩办，该处死的处死”。但是他也强调要执法公道、慎重，避免滥施惩罚，罚不当罪。

成吉思汗还贯彻教育和惩办相结合，以教育为主的方针。他说："初次违反者，可以口头教育。第二次再犯，可以按必里克（法律训言）处罚，若是第三次违反者，可以将他们流放。如果他还是不改正的话，就判他戴上镣铐送进监狱。如果从监狱里出来学好了行为准则，那就较好了。"

到了成吉思汗统治后期，在其统治领域里，蒙古人对他以及他们各自的主人非常服从，绝不欺骗他们，不私斗，没有杀伤事件，没有盗窃和抢劫，所以天幕和篷车上的财物不上锁也不会丢失。这些良好的社会风气，当然同蒙古当时还保留了许多原始社会的遗习有关，不能完全归功于成吉思汗个人，但我们也不能抹杀成吉思汗在其中的作用。

成吉思汗及其后继蒙古大汗，除保留或选任被征服国的本国统治者实施统治外，还派出蒙古国达鲁花赤率领军队对征服国以"太上皇"的姿态实行监督统治，监收贡税。这些被征服国的统治者和其他人都被迫服从这些达鲁花赤的命令。如果被征服的任何城市或国家的居民不遵照这些达鲁花赤的意志去做，后者就控告他们不忠于蒙古人，其结果，那个城市或国家就会被蒙古人的强大部队所破坏，居民们被杀死。

与中原地区的文化事业相比，当时的蒙古非常落后，不但没有自己的文字，更没有记录事件、吟诗作赋的传统。成吉思汗征战一生，建立了史无前例的丰功伟绩，他自己却从来没有留下文字进行歌功颂德。但是，成吉思汗尽管不识文字，甚至不懂任何蒙古族以外的语言，他却善于学习外来的文化，重视教育事业。

在武力征服的年代，谁拥有最强大的武力，谁就是最强有力的统治者。成吉思汗拥有最强大的军队，所以他就是最强大的统治者。但是成吉思汗从来不认为他所征服的人武力落后，就说明他们什么都是落后和不值得学习的。恰恰相反，他最善于从敌人或俘虏那里学习。在他手下负责教育诸子侄和大臣们的“太傅”中，绝大部分都是降人或者俘虏，他所任命的大部分顾问，也是被他征服的民族中的知识分子或智者。例如成吉思汗剿灭了乃蛮部后，俘获了乃蛮部塔阳汗的掌玺官塔塔统阿。塔塔统阿是畏兀儿（今维吾尔）人，精通文字，善于掌管辞令，成吉思汗就命他教给诸皇弟、皇子文化，还让他创制畏兀儿蒙古文，这种文字后来被广泛使用，经过长期演化成了现在通用的蒙文。成吉思汗不但重视对自己子弟的教育，还带头要求部下的文臣将官进行学习，以提高自身修养和治理国家的能力。由于他的提倡，蒙古人从野蛮未开逐渐养成了好学的风气。在这种风气的影响下，蒙古人在短短几十年里就学习了伊斯兰教文明和基督教文明，并对这些文化广泛接受，一跃跻身于文明民族之林。

人无远虑，必有近忧，成吉思汗同样也有“言而无文，行之不远”的认识。当蒙古文字创立后不久，他就命令手下记载帝国政事，“书之青册文书，传之子子孙孙”。在他的督促下，编成了《大扎撒》一书，可惜的是这些资料后来全部遗失，为后人进一步研究蒙古历史增加了困难。

与历史悠久、体系完备的汉民族国家相比，成吉思汗所建立的蒙古国家，政权体系显然是不健全的，成吉思汗也体会到了这种不足所在。为了使政权机构能够满足蒙古国日益向外扩张的需要，成吉思汗就必须不断完善国家政权机构，建立一个高效稳定的政权管理系统，为此，他不断地吸收外来先进经验，积极吸纳人才，使政权机构逐步完善（参见霍天威著 :《成吉思汗传》，河北人民出版社 2016 年版）。

走出大草原之后，南征与西征的对象都是文化上较为先进的国家，成吉思汗因此接触到一些先进的政治、经济与文化理念。他认真汲取他们的政治、文化经验，用这些先进的思想来完善自己的统治。在经济上，他受农耕文明的影响，改变了传统的以单一畜牧业为主的生产模式，引进了中原地区的农耕技术，并委派专人负责屯田和开荒。不仅丰富了人民的物质生活，更为重要的是为蒙古军队提供了稳定的粮食来源。

为了战争的需要，成吉思汗在军事上借鉴了金国的做法，设立了专门主持监督制造各种兵器的机构，大大加强了武器的供给和保障能力，为战争的胜利提供了必要的后勤保障。

在文化方面，成吉思汗既是蒙古族具有统一文字、统一民族语言的奠基人，也是揭开蒙古社会文明序幕的人。他把蒙古社会从野蛮阶段送进了文明发展的阶段，把蒙古族从闭塞落后的疆域送进了广阔的文明世界中，为蒙古文化教育的发展开辟了广阔的前途，在蒙古族发展史上作出了历史性的贡献。

在交通方面，成吉思汗模仿金朝，在主要的大路上设立驿站，供传达军事情报和命令所用。这是保证政令畅通的一个重要举措，不但有助于成吉思汗及时了解各地的战况，还能及时传达他的命令，大大提高了帝国的行政效率。为了防止不法之徒假冒汗权，进一步加强大汗的权威，成吉思汗学习金国，采用统一的金牌制度，将大汗的旨意刻在牌子上，作为调发兵马、传达命令的凭据，这就使汗权更具权威性，不易被别人模仿假传。

成吉思汗可以说是白手起家，他周围的人也大多是“文盲”。在“一穷二白”基础上搞文化建设，这是何等的成就！

成吉思汗文治国家，一个重要的表现就是他重视

耶律楚材

利用文人治理国家，他对耶律楚材的信任与重用就体现了这一点。耶律楚材原先是金朝的旧臣，蒙古军队攻占中都时将他俘虏。耶律楚材刚到成吉思汗身边时，有一个名叫常八斤的西夏人对他很不服气。他善于制造弓箭，看不起这个来自汉地的文人。有一次，常八斤当着成吉思汗的面责问耶律楚材 :“现在大汗正在以武力取天下，你却宣扬什么文治，这不是唱对台戏吗？”耶律楚材反唇相讥说 :“制造弓箭需要的只是能制造弓箭的工匠，治理天下需要用天下匠才行！”成吉思汗听后十分高兴，认为他说得非常正确，他让耶律楚材进一步阐述自己的观点。于是耶律楚材大谈要治理好一个国家，不能只靠武力，还要实行儒家的治国方针（参见朱清泽著:《中国历代名将丛书 · 成吉思汗》，军事科学出版社 1992 年版）。

耶律楚材还利用自己的才能帮助蒙古人制定了历法。成吉思汗以前，蒙古人不懂得天文历法，成吉思汗手下的一批畏兀儿人观测天象，预测某日会发生日食，耶律楚材认为这个推论不准确，结果发生了争执，要求成吉思汗裁断。成吉思汗便要求等到那天，看看日食到底会不会发生，结果后来日食真的没有发生，证明了耶律楚材的判断。耶律楚材推测第二年的某天将发生日食，畏兀儿人不同意他的推测，结果到了那天，果然有日食。成吉思汗由此更加佩服他，说："你对天上的事能无所不知，人间的事就更加知道了。"正是这些事使成吉思汗加深了对他的信任，对他更加器重，耶律楚材的思想也逐步在成吉思汗身上发生了潜移默化的作用。

在成吉思汗的手中，强盛的蒙古帝国终于建立起来了，不但有独立的政治体制，而且有适合征战的军事体制和文化制度，成吉思汗用他的雄才伟略向世人展示了一个气势恢宏、锐不可当的草原帝国。

4. 消除周边各部威胁

在蒙古草原的北部和西北部地区居住着许多"林中百姓"，"林中百姓"又分为大大小小的部落，有贝加尔湖东部的八尔忽、脱俄烈思、豁里、突马等部，还有叶尼塞河上游的斡亦剌部。斡亦剌部首领忽都合别乞还参加过多次反对成吉思汗的联军。

1207 年，成吉思汗诏令长子术赤前往征讨"林中百姓”。术赤的第一站便是斡亦剌部，其首领忽都合别乞见到强大的蒙古军队压来，自知无法对抗，便主动投降了。忽都合别乞还协助术赤招降了剩余的1万斡亦剌部和贝加尔湖的一些部落。

术赤胜利归来后，成吉思汗乘机又派遣按弹、不兀剌两人前往斡亦剌部西边的吉立吉斯部招降。

吉立吉斯部在唐代时是强大的部落，曾和唐朝联合灭了回鹘汗国。后来吉立吉斯部分成了许多部落，他们的首领叫亦难。成吉思汗的使者一到，亦难便带领各部落的首领向使者表达了归顺的诚意，并献上白海青、白骟马和黑貂等珍贵物品。附近的“林中百姓”听闻，也纷纷归附。

成吉思汗奖励了率先归附的忽都合别乞，赐予他与黄金家族联婚的荣耀。

在“林中百姓”和吉立吉斯部都归附后，成吉思汗的统治版图又进一步扩大了（参见陈泽华编：《信仰的力量：成吉思汗》，吉林教育出版社2013年版）。

巴阿邻部的豁尔赤因为很早以前就给成吉思汗出过力，他又曾经预言过成吉思汗将做国主，所以在蒙古刚建国时，成吉思汗遵守以前对他许的愿，封豁尔赤做了管理“林中百姓”的万户长，并答应他，允许他从降服的百姓里挑选30名美女为妻。豁尔赤就到被降服的突马部去挑选美女。然而，此举激起了突马人的愤怒。

豁尔赤

突马人将豁尔赤抓起来，紧接着，公然举起反叛的大旗。成吉思汗赶紧命中军万户纳牙阿前去镇压，但是纳牙阿却推脱有病，拒绝了。成吉思汗只好改派“四杰”中的博尔忽统军前去。

博尔忽英勇忠厚，带了 3 人先行侦察敌情，不想在密林中中了突马人的埋伏，由于远离大军，他不幸被俘。突马人的女首领波脱灰塔儿浑毫不留情地杀死了博尔忽。

博尔忽被杀的消息马上传到了成吉思汗那里，他悲愤交加，打算亲自率军扫平突马，后来在博尔术和木华黎的劝说下才改变了主意，派朵儿边部的朵儿伯多黑申为统帅。临行前，成吉思汗嘱托道：“你要祷告长生天，祈求它的护佑，将突马人消灭掉！”朵儿伯多黑申率军悄悄摸上突马人居住的临近的山顶，突马人还在为杀死了博尔忽庆祝，对即将到来的危险浑然不觉。朵儿伯多黑申绕到突马人背后，一举拿下了他们。

成吉思汗为了悼念博尔忽，将 100 名突马人赏赐给了博尔忽的家人做奴隶；让豁尔赤重新在突马妇女中挑选 30 名做妻子；将他们的女首领波脱灰塔儿浑赏给忽都合别乞做妻子。突马部就这样没落了。

乃蛮部塔阳汗之弟——不欲鲁汗，领导着另一支乃蛮部，并长期与成吉思汗为敌。塔阳汗败亡后，他的儿子古出鲁克与蔑儿乞部首领脱黑脱阿父子都逃亡到不欲鲁汗的乃蛮部。成吉思汗在建国后就迫不及待地准备进攻他们，当大军逼近不欲鲁汗的乃蛮部时，他们还在莎合水（今蒙古科布多河上游索果克河）区域游猎。成吉思汗的大军将他们杀了个措手不及，乃蛮部被一举歼灭，不欲鲁汗被杀，财物和领地被占领，但是古出鲁克和脱黑脱阿父子等人得以逃脱。

成吉思汗打听到古出鲁克和脱黑脱阿藏身在也儿的石河，便于 1208 年令斡亦剌部首领忽都合别乞做向导，带兵追击。古出鲁克等人在也儿的石河的不黑都儿麻一带整顿军马时，成吉思汗的军队突然从四周冲杀上来。双方激战中，脱黑脱阿被乱箭射死，其子忽都、赤剌温来不及带走他的尸身，只得割下他的头颅带着逃跑了，一直跑到畏兀儿地区。古出鲁克则逃到西辽境内。乃蛮和蔑儿乞的残余士兵们尽力想渡过也儿的石河，可是大部分被淹死了，只有少数人渡过了河流，逃生去了。

畏兀儿在当时是一个文明度很高的国度，很早就有了自己民族的文字。唐朝时，回鹘汗国被推翻，有一支回鹘人迁到了新疆吐鲁番一带，定居在高昌城。畏兀儿人就是回鹘人的后裔，畏兀儿又称“高昌国”。因高昌在唐朝时称为“西州”，辽宋时称为“火州”“和州”，当地人称为“哈剌火者”，所以畏兀儿又被称为“高昌回鹘”“和州回鹘”“西州回鹘”等。畏兀儿的领土东至伊州；西至龟兹；北至今准噶尔盆地的边缘，与乃蛮部为邻；南至鄯善，与吐蕃接壤。畏兀儿人称国王为“亦都护”，就是神圣的陛下的意思（参见吴阿仑著：《创业男成吉思汗》，南方出版社 2011 年版）。

辽建立后，畏兀儿归附辽。辽灭亡后，畏兀儿又被迫臣服于西辽。西辽派遣了一位少监留守畏兀儿，这位少监不止强迫他们纳贡，还作威作福、欺辱官员、压榨人民，畏兀儿人对他极其痛恨。

1209 年春，成吉思汗已建国 3 年，威名远播，这对畏兀儿的触动很大。畏兀儿的国相仳俚伽希望能借助蒙古的力量摆脱西辽的控制，于是向亦都护建议杀掉少监，向成吉思汗称臣。亦都护采纳了这一建议，派人将少监的府邸围住，少监跑到楼上，被国相仳俚伽追上砍了脑袋，仳俚伽命人将楼房推倒，少监的尸体就深埋于瓦砾之下。

畏兀儿亦都护杀死了西辽少监，正式宣告了与西辽的决裂，同时还派使者去朝见成吉思汗。不曾想，使者还未出城，成吉思汗的招降使者就到了。于是亦都护让使者带上自己的亲笔国书跟随成吉思汗的使者前往蒙古国，以表达畏兀儿归附的诚意。国书中写:“微臣听来来往往的人说，可汗雄伟大度，善于抚慰百姓。我们才放弃与西辽旧日之情，正打算派遣使者到您那里表达诚意，并送达西辽国主的情报。不曾想到您派来的使者先行到达，对我们来说好像云开见日，全国上下喜不自禁。我今后愿意率领部众，为仆为子，愿为您效犬马之劳！”

前面提到蔑儿乞部的忽都、赤剌温带着其父脱黑脱阿的头颅逃到了畏兀儿的边界上，他们派遣使者向亦都护传达了和好的愿望。亦都护不仅斩杀了他们的使者，还派兵与忽都等人大战一场，忽都与残部又仓皇逃走。事后，亦都护派遣了第二批使者向成吉思汗报告了战争大捷的消息。

成吉思汗对畏兀儿主动投诚的行为非常高兴，对他们大胜忽都的功绩进行了表彰，并派出使者对畏兀儿进行慰问，亦都护则收集了许多珍宝财物献给成吉思汗。

为了加强与蒙古的联系，亦都护于 1211 年春亲自到克鲁伦河的行宫去拜见成吉思汗，要求做成吉思汗的义子。他说：“陛下如果再给臣下加恩，使大家都知道，臣依附于陛下4个儿子之后，臣定当竭尽所能，效犬马之劳！”成吉思汗感动于亦都护的忠心，答应了他的要求，让他排在第四子后面做第五子，并将自己的女儿也立安敦许配给他。这样，畏兀儿与蒙古的关系日益加强（参见陈泽华编：《信仰的力量：成吉思汗》，吉林教育出版社2013年版）。

1211年，成吉思汗派忽必来率兵攻打哈剌鲁国。唐朝时三姓葛逻禄是哈剌鲁人的祖先，葛逻禄人本是突厥人，突厥被唐朝打败后便分裂了，葛逻禄迁到了北庭，后又到了伊犁、楚河一带，游牧为生，逐渐强大起来。公元10世纪前期，葛逻禄建立了哈拉汗国，后被西辽所灭，成为西辽的附属国。其领土包括阿尔泰山以西、伊犁西北、巴尔喀什湖东南一带，主要控制三大城市：海押立、阿力麻里和不剌。

在蒙古国还未成立前，哈剌鲁主要有两个政权，分别在海押立和阿力麻里城。海押立政权的首领是阿儿思兰汗，意为“狮子”，是世袭的称号。此时哈剌鲁作为西辽的附属国，由西辽派遣的少监协助管理国事。西辽末年，菊儿汗直鲁古想要讨伐起兵造反的忽炭的算端（中世纪前后伊斯兰教头衔之一，意为“土地拥有者”“首领”“领袖”等），便命阿儿思兰汗一同参战。阿儿思兰汗接到命令后并未多想，便率军队前去同菊儿汗直鲁古的军队会合。但菊儿汗直鲁古这样做的目的并不单纯，他是这么谋划的：如果阿儿思兰汗不服从命令，就立刻以谋反罪除掉他；如果他服从命令前去征讨，又不以实力对抗敌人，那么就可以找到合适的理由杀掉他；如果他全力投入战斗中，也很有可能被忽炭的算端灭掉。这样可谓一箭双雕，既打击了忽炭的算端，又除掉了阿儿思兰汗。

阿儿思兰汗有个很好的朋友叫沙木儿·塔阳古，他在菊儿汗直鲁古的帐下做侍从官，自然就得知了菊儿汗直鲁古的阴谋。沙木儿借机跑到阿儿思兰汗处当面告知他这个阴谋，阿儿思兰汗得知后非常焦急，沙木儿给他想了个办法，让他为子女考虑，以自己的命换子孙的汗位，让多疑的菊儿汗直鲁古的算盘落空，避免落下罪名。阿儿思兰汗考虑之后，接受了这种安排，将家人、国事一并托付给沙木儿后，便喝下一杯毒酒，撒手人寰。

沙木儿谨遵阿儿思兰汗的嘱托，助其儿子坐上了汗位，称为"马木笃汗"，同时也世袭了阿儿思兰汗的称呼。菊儿汗直鲁古又派了另一名少监去监管马木笃汗，同上一个少监一样，这位少监蛮横霸道，欺压百姓、侮辱官员，哈剌鲁的臣民对他更加痛恨。当忽必来的军队刚入哈剌鲁的边境时，马木笃汗就效仿畏兀儿人杀掉了西辽少监，率臣民开城迎接蒙古兵。马木笃汗还随忽必来到三河源头拜见了成吉思汗，成吉思汗将阿勒合别姬嫁给了他的儿子，也就是也先不花驸马。

哈剌鲁的另一个政权在阿力麻里城，其首领叫不扎儿。不扎儿本来是一个强盗，经常拦路抢劫。凭着超强的胆识和武艺，他得到了当地歹徒的支持，慢慢就变得强大起来，通过不断镇压反对势力，后来竟然在阿力麻里城建立了政权，称为“脱黑鲁儿汗”。

1211 年秋，逃到西辽境内的塔阳汗的儿子古出鲁克，趁耶律直鲁古出征时夺取了西辽政权，强迫西辽及各属国人民信仰佛教。不扎儿信奉伊斯兰教，还是教徒首领，于是他带领臣民起来反抗古出鲁克的压迫。古出鲁克多次派兵攻打不扎儿，却经常被打败。古出鲁克非常生气，派出军队时时准备杀死不扎儿。为了应对古出鲁克，不扎儿想到了成吉思汗，于是派遣使者向成吉思汗上报了古出鲁克的所有情报，并表达了自己称臣的愿望。成吉思汗接纳了他的依附请求，将术赤的女儿嫁给了他的儿子，与他结成了忽答（亲家）。不扎儿归附后，亲自去蒙古拜见了成吉思汗，成吉思汗还嘱咐他道：“古出鲁克阴险狡诈、睚眦必报，你与他相邻，又和他为敌，以后最好不要出来打猎了，以免变成他的猎物。”为了不让不扎儿出城打猎，成吉思汗还送了他 1000 只羊以代替猎物。

返回阿力麻里城后，不扎儿一直克制着出城打猎的欲望。但他毕竟是强盗出身，热衷于打斗与奔驰追逐。

这天，他终于忍不住了，带上捕猎工具就出城了。正当他一心一意追捕猎物时，古出鲁克的军队突然出现在他周围，他被捕了。古出鲁克的士兵用铁链拴着他来到阿力麻里城门前，逼迫城内士兵开门，不扎儿则朝城内大声下令紧闭城门。正当双方僵持不下的时候，突然有人大喊："蒙古军队来支援了！"古出鲁克的士兵听到这一消息赶紧撤退，并将反抗的不扎儿杀死。

后来，不扎儿的儿子昔格纳黑的斤继承了汗位，得到成吉思汗的支持，之后他的几代子孙都管理着阿力麻里城。

再说残余的蔑儿乞部被畏兀儿赶出边境后，只得又一次逃亡。他们逃到一处偏僻的地方,那里山岭重重，易守难攻，利于休养。蔑儿乞人打算在那里休养生息，壮大力量。

成吉思汗一直没有忘记宿敌，想到他们还有残存的力量便痛恨不已。可是蔑儿乞人藏得太深了，直到1216年，成吉思汗的士兵才打探到他们的所在地。成吉思汗召集众将，问道："谁能为我去征蔑儿乞？"大将速不台挺身而出，请命前去，于是成吉思汗授予他主将的身份和实权。

鉴于蔑儿乞位置之险要，成吉思汗命工匠造了许多坚固的铁车，这些车子即使翻山越岭也不会很快磨损、坏掉。1217年，大军准备出发了，成吉思汗向速不台下了必胜的命令，他说（大意）：

可恶的脱黑脱阿的逆子们，他们像戴上套马杆的野马，像中箭受伤的鹿，仓皇地逃跑了。他们要是生出翅膀，飞上青天，英勇的速不台，你要变成海东青把他们捉来！他们要是变成土拨鼠，钻进洞里，英勇的速不台，你要变成铁锹把他们挖出来！他们要是变成游鱼，游进宽广的大海，英勇的速不台，你要变成渔网把他们捞上来！

接着，成吉思汗又殷切地说（大意）：

你翻山越岭、横渡大河去消灭仇敌蔑儿乞，一路上要爱惜乘马，节省给养。如果马匹损伤了，后悔也来不及了；给养不够了，节省也晚了。你要走的路上，必然有很多野兽，不可只顾捕猎野兽而耽误了行军。为了补充给养，只能适当地进行狩猎。平时行军，要让军士把鞍脱去，马辔也要摘掉，这样才能爱护战马和战士。如有人违反这个命令，他如果是我的熟人，你就把他送回来；他如果是我不认识的人，便将他就地斩首！我们虽然远隔千山万水，意志必须统一。赖长生天的保佑，你抓获了脱黑脱阿的逆子之后，不必解送到我这里，就地杀了他们！

最后成吉思汗对速不台说（大意）：

我命令你远征，是因为在我幼小的时候蔑儿乞人欺侮我，将我包围在不儿罕山上。现在他们逃往他方，哪管是登天入地，也要打造铁车，追捕报仇！

速不台带领铁车大军向西出发了。快要接近蔑儿乞的时候，速不台先派阿里出带领100人前去侦查，让他们扮作难民，携带婴儿之类的用品，在露营地扔掉，装作逃跑的样子。于是阿里出按计划行至蔑儿乞，蔑儿乞人果然没有提防。不几日，速不台的大军就来到蔑儿乞人跟前，将他们全部消灭。至此，蔑儿乞部灭亡（参见陈泽华编 :《信仰的力量 : 成吉思汗》，吉林教育出版社 2013 年版）。

四、崛起扩张，虎视中原

1. 攻伐西夏

在对自然科学认知有限的年代，作为一国之主，成吉思汗也像历代帝王一样认为自己是世界的统治者，拥有最高权力，他曾说："上天使我建立了世界上独一无二的最强大的政权，我之上只有一顶帽子。"

关于西夏的历史还要追溯到唐朝末年。当时，天下混乱，民不聊生，引发了黄巢起义。西夏开国皇帝拓跋思恭是朔方党项部落的后代，他率领军队协助唐朝廷重创了黄巢军，因此被封为夏国公，赐李姓，居于蒙古的南部边境，为了显示荣宠，他的世代子孙都把西夏国称为“夏州”。

西夏据有22个州，即今宁夏回族自治区全部，今甘肃的大部，陕西、新疆维吾尔自治区及青海、内蒙古自治区的一部分。西夏的首都设在兴庆府，即今银川。

成吉思汗要攻打西夏的风声，传到了西夏国王夏桓宗那里。西夏因为长期处于和平环境，晏安日久，已经是民不习兵、军力削弱。听到这一消息后，西夏王大吃一惊，他决定采取守势，命令骑兵集结北方待命，命令步兵和民众修固城池，严密防守。

早在1205年春，成吉思汗就曾第一次攻打西夏。在消灭了乃蛮部之后，成吉思汗由阿尔泰山南麓之也儿的石河向东回军途中，突然挥师南下，进入西夏国境，用大军围攻力吉里城。成吉思汗原想采取围城打援战法，首先歼灭西夏援军，而后以威慑之力让城池不攻自破。但是西夏援军不至，数万蒙古军在这一小城之下无所作为，只好分兵一半围攻落思城。经60余日苦战，蒙古军在骑射的掩护下，毁其壁垒，方破两个小城力吉里、斤鲁斯，接着进行了洗劫，掠走骆驼、马匹、人口和财物，再返回漠北营地。这是蒙古军第一次进攻西夏，属于试探性的掳掠战。此役对成吉思汗来说，尝到了攻掠西夏的不少甜头，也懂得了攻城作战之艰难，但他只要肯动脑子，也是不难寻获胜的办法的。

对西夏来说，受了部分损失，廷臣将帅们庆幸蒙古军没有深入内地，所以也未能引起对北方蒙古强敌的重视，为以后大败埋下了隐患。

窝阔台

成吉思汗第一次进攻西夏归来后，整日思虑能否出兵与金国大战一场。他同大将木华黎、博尔术及长子术赤、次子察合台、三子窝阔台等人密商此事，众将均认为金是大国，不同于西夏，而且对其军事、政治、地形情况等都知之甚少，所以议定先征服西夏，为之后大举攻金铺平道路。

1207 年，成吉思汗听到夏襄宗即位不久，以为新主好欺，便遣使逼迫西夏向蒙古纳贡称臣。然而夏襄宗不听从，惹怒了成吉思汗。同年秋，成吉思汗亲率大军南下，开始了第二次攻夏战争。蒙古军兵临西夏斡罗孩城，先派俘获的西夏牧羊人进城劝降，传言城中守将：“若自动出降，待如朋友；如据城反抗，待城破之后必屠尽城中之人。”遭到城中守将的拒绝后，成吉思汗下令攻城，连续 40 天不克，后蒙古军改用火攻才攻破城门。成吉思汗下令屠城，除工匠外一律杀光。而后，在西夏境内四处掳掠，为时近5个月，遭到西夏右厢诸路军的抵抗，成吉思汗便于次年春下令撤军，带着大批宝物财货和制造兵器及手工业品的工匠回了漠北。

1209年秋，成吉思汗向西夏发起了第三次进攻。这次，蒙古军从兀剌海西口深入到西夏境内。先打败了西夏军主帅、太子承祯所率领的5万兵力，俘虏夏军副帅高逸令公，高逸宁死不降，被杀；后派一部兵力攻破兀剌海城，俘获西夏太傅西壁氏，同时成吉思汗率领的主力军则直捣西夏都城中兴府（即银川，兴庆府后改名“中兴府”）。西夏军在大将嵬名令公的率领下在中兴府外围与蒙古军僵持了两个月，后来成吉思汗乘西夏军小胜松懈之时，大举攻破克夷门，俘获嵬名，围困中兴府。夏襄宗率军死命抵抗，成吉思汗见中兴府围攻不下，便将暴涨的黄河水引入城内，淹死军民无数。后来，河堤决口，黄河水倒淹了蒙古军，成吉思汗才改变了想法，派使者入城和谈，让西夏献宗室女和亲并每年向蒙古纳贡，夏襄宗不得已便答应了这些条件。这样，西夏国算是名义上归顺了蒙古国（参见《青少年素质教育必读》编委会编 :《成吉思汗》，朝华出版社2005年版）。

2. 南下伐金

在成吉思汗刚刚崛起之时，他虽然自知与金国有杀父祖之世仇，但为发展势力，对金国这个大国不得不委曲求全，而首先消灭仇敌塔塔儿部。为此他主动出兵协助金国军队夹攻塔塔儿，获得金国封授札兀忽里官号，并且确实保持了对金国十多年的臣属关系。可以看出这完全是成吉思汗出于策略的考虑，在金国面前故作姿态罢了，但在他立国称汗后，特别是1209年迫使金国西北屏障西夏国臣服于蒙古之后，成吉思汗便又将向金国报世仇之事提到日程上来了。

成吉思汗利用各种渠道和手段刺探金国的军事、政治、经济等方面的情报，这是其发动攻金战争的一项最重要的准备工作。多年的战争实践使成吉思汗深深懂得知己知彼的极端重要性，并养成了每战必先察敌之情真伪的良好习惯。

在收集金国情报方面，成吉思汗特别重视来往于蒙、金之间的使节、官员、商人等，经常收买人心。早在与王罕结盟时期，他就注意到王罕身边一个叫耶律阿海的金国使节。成吉思汗探听到这位金国的使节并不忠于金国皇帝，因为耶律阿海是契丹人，是被金国灭亡的辽国的遗民，本质上就仇视金国统治者，因此成吉思汗主动去找耶律阿海面谈。两人谈话十分投机，耶律阿海看到成吉思汗志向高远，且宽宏大度，便向他详细地介绍了金国皇帝昏庸、朝廷上下相互争斗、各族军队相互矛盾、军事部署疏漏、将帅不知戒备等许多重要情报。耶律阿海告诉成吉思汗说："金国灭亡指日可待，本人愿意做蒙古进攻金国的内应。"成吉思汗为得到这样一个深知金国内情的人极为高兴。在攻金战争发起之前，成吉思汗即把耶律阿海留在自己身边，参与机谋，出入战阵。

成吉思汗在利用金国使节的同时，还派出蒙古谍工人员。他手下有个叫札八儿的亲信，是同饮班朱尼湖水的功臣，为人十分精明，记性特好。成吉思汁派札八儿出使金国，进一步核实和补充了耶律阿海等人提供的金国情报，还特地收集了进出金国北境的道路、山川、险隘等军事地理情况，为后来成吉思汗确定进军的路线、选择攻金的突破口积累了第一手资料。成吉思汗同时十分重视获取金国戍边官兵提供的情报。散居于阴山以北、被人们称为"白达达"的部落，正名称"汪古"部，为金国守卫净州以北边墙。该部部长阿剌兀思剔吉忽里曾向成吉思汗密告乃蛮部塔阳汗进攻蒙古的情报，使成吉思汗有了准备因而获得大胜。成吉思汗十分信任汪古部长，封授其五千户，并把女儿阿剌海公主嫁给他的继承人之一为妻。在发动攻金战争之前，成吉思汗又多次找汪古部长了解金国西北边防的情况。

成吉思汗一向主张，打仗一定要做好准备。这样才有胜利之把握。为此，他在对金国进行一系列周密的情报工作的同时，还抓紧了攻金的作战准备工作。

成吉思汗首先强调了蒙古军的休整。他认为，蒙古立国后官兵并没有得到很好的休息和整顿，大的军事活动就有多次：攻夏战争，征服“林中百姓”、吉利吉斯、畏兀儿、哈剌鲁等部之役，追歼已亡的诸部残余势力的战斗也一直没有停，军队还打了一些建国前不曾打过的特殊仗。虽然得到很大的锻炼，但有不少的减员。武器装备也需要补充，作战技能更需要针对金国的特点进行必要的训练。于是他打破以往春天计谋征伐、秋后乘战马肥壮之际出师作战的惯例，决定在1210年秋冬，除少数部队继续担负一定的作战任务外，主力部队进行大休整。每个战士随身携带的革制甲、兜、革囊、小帐、锅、弓、斧、刀、矛、矢等，如数作了补充；各千户所辖之兵额马匹，也按编制做到满员；接着利用严冬，结合围猎进行了大练兵。全军上下兵强马壮，行动敏捷自如，疾如飚至，动如山压，来如天坠，去如电逝。

此外，成吉思汗还预想到，自率主力远征金国，已灭亡的诸部落旧贵族或许会乘机叛乱，故特命部将脱忽察儿率兵3000留守后方，并随时准备镇压叛乱者。

这样，有了一个巩固的大后方，成吉思汗尽可放心地领兵在外征战。

成吉思汗攻金前对招降纳叛、收买人心的事也极为关注。除了积极发展与汪古部的联系外，还大力招抚在金国统治下的契丹人。契丹人的祖国是辽国，1125 年被金国灭亡后，幸存下来的人们备受金国的民族压迫，吃尽了亡国奴的苦头，成吉思汗了解这些情况后，便通过各种渠道，策动契丹人离开金国，投归蒙古。由契丹人组成的金国戍边军，在成吉思汗的策动下，一批批地叛金投蒙，有的专为蒙古提供情报，有的成为蒙古攻金的内应，有的则直接编入攻金的蒙古军内，充为攻金的先锋。契丹人移剌捏儿，家居霸州，熟知中都及其以北关塞形势，在成吉思汗派人劝说下，自率同党 100 余人投奔蒙古，向成吉思汗进献攻金“十策”。成吉思汗封他为霸州元帅，留在身边，参与机谋。他忠心耿耿、智勇双全，在攻金战争中发挥了重要作用。

1208 年，金章宗病死，金世宗第七子卫绍王完颜永济即位。完颜永济身材很高，长着漂亮的胡须，然而仅仅是徒有其表而已，实际上他生性懦弱，才能平庸。金章宗在世时，他曾受命到净州接受蒙古人的入贡。成吉思汗对他不屑一顾，没有按对上邦使节的礼节接待他。这件事后，完颜永济也非常反感成吉思汗，还怂恿章宗去攻打蒙古，但章宗未同意。

金朝第七位皇帝完颜永济

完颜永济即位后，向蒙古发诏书，要求成吉思汗行跪拜礼。谁知成吉思汗接到诏书后问道："谁是新皇？"来使答道："是卫绍王永济。"成吉思汗听后，向南吐了一口唾沫，愤愤道："我当哪位能人可以做皇帝呢，连永济这种平庸之辈都有资格，原来金朝的皇帝是人人都可做的！你回去禀告，就说我成吉思汗绝不向永济跪拜！"说罢便走了。永济得到这样的回禀，气得七窍生烟，对成吉思汗心生杀意。

1209年，成吉思汗已使西夏屈服，他认为向金朝进攻的时机来到了，于是便亲率大军南下，来个先发制人。成吉思汗出征前向上天祈祷说："金朝的君主们杀害了我的长辈亲属俺巴孩汗、斡勤巴儿合黑，我要去为他们报仇，请上天佑助我！"这年秋天，成吉思汗的大军就到了金朝边境上。

金朝在边境上修筑了乌沙堡，专门用来抵御蒙古军。守将独吉思忠刚刚修完此堡，一时疏于防范，竟让蒙古大将哲别一举拿下，随后蒙古军又拿下临近的乌月营。金朝获悉情报后解除了独吉思忠的职务，改由参知政事完颜承裕主持军务。完颜承裕不敢与蒙古军正面作战，且战且退，一直退到野狐岭，30万大军驻扎在这里。

成吉思汗从达里泊进入金境，攻取昌州、桓州，入抚州，这里已距野狐岭不远。金军统帅完颜承裕与部将九斤商议对策，完颜承裕说："听说铁木真的军队洗劫了抚州城，忙于瓜分战利品，战马散于郊野。如果我们乘其不备，突然发起进攻，就可以把他们击溃！"九斤却不以为然，说："他们的防守很严密，轻进必然危险，应和增援的马步大军一起出动方为万全。"于是金兵集结，准备出击。

出击之前，九斤又招来契丹人石抹明安，对他说："你以前去过蒙古，认识成吉思汗，现在你再去见他，对他说，我们这里有什么得罪你的地方，为什么要带兵前来攻打呢？如果他出言不逊，你就指责他！"

明安领命而行，见到成吉思汗，责问举兵之由，成吉思汗下令将明安绑缚起来，说："等我打完仗，再来问他！"后来明安投降了成吉思汗，并且受到重用。

这时金朝大军已经杀到了眼前，而蒙古军刚煮好了食物，成吉思汗赶紧命令士兵倒掉锅里的东西，上马迎敌。两军相遇，木华黎对成吉思汗说："彼众我寡，只有殊死力战才能打败他们。”于是成吉思汗命木华黎为先锋，继以诸军并进，木华黎率领敢死队，策马横戈，勇猛无比。金兵抵挡不住剽悍的蒙古骑兵，大败溃逃，一路上死伤枕藉，整个原野都充满了血腥的气味。成吉思汗挥军追击溃败的金兵至会河堡，再歼金兵无数，完颜承裕只身逃入宣德。

野狐岭之战，打击了金军主力，是蒙古军对金朝战争的第一次大的胜利。

随后，蒙古军大将哲别一路追击金兵，至居庸关。居庸关地势险要，难以攻打。哲别采用诱敌战术，对金兵作战时假意退兵，金兵见敌军想要撤退就追了出来。待哲别退到离宣德不远处的山脚时，突然返回迎战，蒙古军发挥了骑兵的优势，与金军一阵激战。此时成吉思汗的大部队也赶到了，加入战斗，金军溃逃。蒙古军一路追击，很快占领了居庸关。成吉思汗在龙虎台驻扎主力，派哲别由居庸关直接进攻中都（今北京）。中都是金朝的首都，防御坚固，哲别一时攻不下，只好抢掠了周边的马匹而去。

蒙古军还有一支军队，由成吉思汗的长子术赤、次子察合台、三子窝阔台率领，这支军队从金朝西南边境进入，在成吉思汗的大军与金兵大战时，他们到达汪古部领地。汪古部首领阿剌兀思剔吉忽里献出城池，并协助蒙古军对抗金朝。在他的协助下，蒙古军很快攻下净州、丰州、云内州、东胜州、武州、朔州等地，直指西京（今大同）。西京留守胡沙虎带兵7000人，在定安之北迎战蒙古军，不想却在紧要关头弃城逃跑。

蒙古军取得一轮胜利后，却不占领城池，只是将城内财物掠夺一空后返回草原，随后金兵就会收复失地。但不久后，蒙古军又会再次来袭、掠夺。

1212年，成吉思汗第二次带兵南下攻金，路线与第一次基本一致。

蒙古军又依次攻破昌、桓、抚各州，攻陷宣德州、德兴府，再围西京城。完颜永济派元帅左都监奥屯襄率兵救援，成吉思汗将奥屯襄的军队诱至密谷口，全数歼灭。围困西京的蒙古军遭到金军的顽强抵抗，久

成吉思汗征战图

攻不下。成吉思汗在混战中被流矢击中，只好撤兵。

此时，也就是1212年春，发生了一件极有利于成吉思汗的事。契丹亲王中的耶律留哥不堪金朝欺压，集合手下在隆安（今吉林农安县）、韩州（今吉林梨树县）一带起兵反金，并投靠了蒙古国。

耶律留哥的归附，促使成吉思汗改变了进攻西京的计划，转而攻击辽阳，并再次派出了大将哲别。辽阳城防坚固，哲别首次进攻失利。于是哲别又利用了攻打居庸关的战术，且战且退，诱使金军远离城池，再返回猛攻。就这样，蒙古军很快就占领了辽阳城。耶律留哥也在蒙古的支持下称王，国号“辽”，称号为“契丹王”（辽王），成为蒙古国的附属国。

1213年，战争持续近2年，成吉思汗终于取得了最终的胜利。

这主要原因是成吉思汗夺取了张家口与北京的要道。这条通道意义非凡，它连接着蒙古高原和华北平原，可谓成败所在。蒙古军逐个占领了通道上的关隘，然后控制起来，最后这条通道全部落在成吉思汗控制范围内。

1213年7月至8月，蒙古军攻占了第一个要塞——宣化城，这是一座建在黄土丘上的城池，周围火山岩遍布。宣化城承担着长城侧翼防御工事到长城的这段起伏地势的防护任务。下一个要塞是位于宣化东南的保安，成吉思汗的第四子——拖雷亲率军队攻下了这座城池。接着是怀来城，攻取怀来是金军死伤最多的一次战争，成吉思汗在怀来之战中大获全胜。根据记载，若干年后在怀来长达 15 公里的地带上，仍可见累累白骨。怀来西南是居庸关，这是修建在幽深荒凉的峡谷地带的一套防御工事，控制着从长城到北京的坡道。居庸关长 22 公里，两侧都是悬崖峭壁，守备坚固，有重兵把守，但最终还是在成吉思汗与哲别两军的夹击下失守。成吉思汗控制了从蒙古高原到华北平原的通道，相当于打开了进入中原的大门，他在龙虎台设中军帐，瞭望金朝首都——北京城（参见刘屹松著:《成吉思汗全传》，华中科技大学出版社 2016 年版）。

正当成吉思汗打开了华北平原的一扇大门时，另外两支蒙古军也陆续打开了两扇大门：一扇是位于北京东北方向的要塞古北口，它控制着通往北京城的峡谷——涿鹿；另一扇是位于北京西北方向的要塞——大同，大同海拔 1300 米，是位于长城两塞之间的要塞，承担着山西省的防御任务，随着大同的陷落，山西也被蒙古军控制。

蒙古军的巨大威胁造成了朝野上下的震荡。1213 年 8 月至 9 月，金朝将领胡沙虎弑君篡位，后经人劝说，他又拥立完颜珣称帝，即宣宗。成吉思汗得知金朝内廷生变，抓住这一时机，令大军攻入金国。根据以往的经验，成吉思汗对这次进攻做了非常详细的计划，他将军队分为左、中、右三路，三路军队按他的计划一步步实施进攻。

成吉思汗与第四子拖雷领中路军，目标对准华北大平原。在围困北京城时，部下们纷纷要求攻入城内，但成吉思汗拒绝了这一提议，原因是北京城防守坚固，若要强取，必须要有丰厚的物资和武器做储备。蒙古军的储备不足以应对这样一场持久战，所以他只派了些兵围住北京城，自己率大部队继续南下平原地带。

蒙古军在成吉思汗的号令下，铁骑踏过华北平原，所过之处烽烟四起，农田尽毁，人畜被掠。从北京城到河南渭水，除了10来个城防坚固的要塞城市没被攻陷，其他城池悉数被洗劫。蒙古军驰骋了500多千米后来到黄河岸边，时值河水暴涨，河宽浪急，慑于黄河天险，成吉思汗被迫终止南下。

拖雷

成吉思汗的军

队不限于入侵北京到河南这一段，还辐射到了东南方向的山东境内。蒙古军先攻陷了济南城，又绕过泰山，来到山东南部的平原地带。蒙古军采用残酷的手段迫使人们放弃守城，他们俘虏了城池周围和农村的居民，驱使这些被俘虏的人走在蒙古军的最前面，迫使守城的人受降。蒙古军利用这种方法几乎占领了山东南部的所有城市，掳走了无数的珍宝、丝绸、牲畜及幼童。蒙古军带着丰盛的“猎物”退回长城以北。

由成吉思汗的 3 个儿子术赤、察合台和窝阔台率领的右路军沿太行山向西南方向进攻。据史书记载，这支右路军从河北西部的太行山出发，途经保定，攻陷了河南省境内黄河以北的怀庆，随后通过太行山南口，进入黄土高原。

术赤等人进入黄土高原后，又沿着汾河北上，一路攻陷了汾河沿线的城镇，如平阳、汾州、忻州等。山西首府太原历来都是城防最坚固的城池之一，自古以来无数次抵御了敌人的进攻，保护了城内百姓的安全。但是高筑的城墙、宽深的河水都没有拦得住蒙古军，太原城很快就沦陷了。

太原守城主将原本以为蒙古军会从北边即大同方向进攻，于是将主力都调至城北。当他们发现敌军突然出现在南面时，顿时惊慌失措，调兵也来不及了。蒙古军很顺利地拿下了这座城池，在城内尽情洗劫，屠杀百姓，掠夺粮草，破坏房舍、农场。太原城被洗劫一空后，蒙古军才骑马离去。蒙古军经代州和大同来到长城脚下的汪古部，将战利品存放在这里，交由他们看守。

第三支军队是由成吉思汗的弟弟合撒儿率领的左路军。左路军的路线是由北京出发，沿海岸线往东北方，经过平洲，攻陷山海关和涿鹿，再到上满洲的洮儿河、纳水、宋瓦江（这三个地方是金国的开国诸王的家乡），最后扫平阿穆尔河流域的城池，沿原路退回。

1214 年，三路大军于北京会师。成吉思汗的三路大军得胜而归，部将们再次要求攻下北京城，成吉思汗再次拒绝了。通过这次战争，成吉思汗更加认识到蒙古军在攻城技术上的不足之处，于是派遣使者向金王提出议和。

3. 扫荡黄河以北

金军与蒙古军在野狐岭大战时，由术赤等带领的一支蒙古军攻入西京（金国都城，即今大同），西京留守胡沙虎在抵御蒙古军的关键时刻竟然带兵潜逃。蒙古军将领耶律秃花率军追击，在定安之北将胡沙虎等人围困，双方激战到黄昏时分，胡沙虎和几个心腹趁机突围潜逃，剩余的金兵也四散而逃。胡沙虎几人丢盔弃甲，一路逃到蔚州城内，并擅自打开仓库，取走各种衣物和5000两银子，之后混入百姓当中，又抢了官、民的几匹马，逃入紫荆关。在涞水县，他们和县令发生了矛盾，胡沙虎纵容部下将县令活活打死。后来，胡沙虎回到中都，金王永济不但不追究他的罪行，还封他为右副元帅，代理尚书左丞。

成吉思汗南下攻金，对金朝廷来说像一颗炸弹，迅速将这个朝廷的虚壳炸得粉碎，金朝陷入一片混乱中。一些契丹人和汉人归降蒙古。契丹人对金人本来就有抵触情绪，契丹人石抹也先从小就被教导报仇复国，他的祖父、父亲不食金禄、不做金官。成吉思汗刚挥师南下，石抹也先就骑马来归，并对成吉思汗提了个建议，他说："东京为金开基之地，取其根本，中原可传檄而定。"成吉思汗采纳了他的意见，派出木华黎跟随他进攻东京，很快便取得胜利。石抹也先协助木华黎攻下东京的消息对金朝廷造成很大影响。同一时期，契丹人耶律留哥在辽东起兵反金，一些汉人地主也投降蒙古（参见张云飞编著：《天命大汗 成吉思汗》，内蒙古人民出版社2009年版）。

1212年，一路蒙古军到达威宁城，威宁城的守城千户刘伯林开城投降，随后同耶律秃花一起出征，招降了山后诸州。他的儿子刘黑马也为灭金作出了巨大贡献，同史天泽、张柔、严实一起成为有名的汉军十大万户。

其他民族也在这期间纷纷起义。1212 年，杨安儿、李全领导红袄军，占领了山东许多州县，掀起了民族起义的高潮。

在国内动荡不安的时候，金朝与西夏的关系也发生了恶变。野狐岭之战后，西夏人趁着金军溃不成军的时候入侵金朝边境，抢夺财物、牲畜，后来金人也多次入侵西夏边境，昔日的盟友在相互入侵中变成了仇敌。

蒙金第一次战争阶段，金朝面临的状况可谓“外有强敌主力亡，契丹汉人叛又降，盟友反目化为仇，人民造反举刀枪”。

金王永济不善政治，性格懦弱，面临蒙古军入侵，首先想到的不是举兵反抗，而是派人乞和，丧失了堂堂大国的威严；眼见蒙古军攻下一个个城池，永济束手无策，竟与大臣相对哭泣；最糟糕的是永济用人不当，赏罚不明。野狐岭之战错用完颜承裕，招致大败；西京留守胡沙虎弃城丢甲，胡作非为，永济非但不治罪，反而加以重用，这种做法使得军心涣散。后来，胡沙虎太过放肆，招致永济憎恨，才被罢官，但不久后便复官，代理右副元帅，率 5000 武卫军驻军在中都城北。在这样的形势之下，又发生了胡沙虎弑君篡位的事，使得金朝廷内外交困。

在胡沙虎政变前一个月，成吉思汗亲率大军攻陷了宣德、德兴等州，至怀来大败金朝左丞相完颜纲、元帅右监军术虎高琪统率的金军，将他们逼入居庸关北口。金军据守居庸关，铸造铁门，并在百里内布铁蒺藜。成吉思汗见城防严密，难以攻入，便以客台、薄察两将兵力留守居庸关北口牵制金军，自己则率哲别一军绕过长城，取道飞狐道，进入紫荆关。宣宗得知这一消息，马上令术虎高琪前去应援紫荆关，以免蒙军突破居庸关南口，但是为时已晚，蒙军以迅雷不及掩耳之势攻克了易州，接着哲别率轻骑轻易地攻下了居庸关南口，蒙军前后夹击，很快便拿下了居庸关。

1213 年 10 月，掌朝的胡沙虎令术虎高琪战胜蒙古军，否则军法处置。随后术虎高琪在中都城北对阵蒙古军，却连吃败仗，因害怕被治罪，他索性带军进入中都，杀了胡沙虎，携其头颅向金宣宗请罪。宣宗没有了胡沙虎的控制，心情大悦，不但赦免了术虎高琪，还封他做左副元帅。

面对蒙古军的强大进攻，金朝“内战内行，外战外行”的将领只顾玩弄权力，不但不思保家卫国之法，屡战屡败，而且还发动内变，置朝廷于内外交困之中。

金宣宗不知所措，惶惶不可终日。成吉思汗曾在围困涿州时，派使者阿剌浅入中都谕降；还挑选了5000精骑由客台、哈台两将率领，扼守进出中都的所有通道。不曾想，术虎高琪杀死胡沙虎挑起政变，待宣宗知晓此事，涿州已经失守。

术虎高琪的军事能力很一般，有一事可说明。金朝受到蒙古军南侵的同时，还深受各地农民起义的威胁。有个叫杨安儿领导的农民军影响很大，宣宗寻问术虎高琪应对杨安儿之法，术虎高琪回答说："贼人据险固守，我让主将用石墙将他围在里面，这样就跑不出来，早晚可以活捉他。"（《金史·术虎高琪传》）宣宗对此战法心存疑虑，但因自己对军事一无所知，只好催促他赶紧攻城。

宣宗多次与术虎高琪商议军国大事均不得要领，术虎高琪本就没有多少功劳和声望，为了保命才杀害了胡沙虎，并依仗位高权重刚愎自用，对国事更是不知所以。

蒙古军南下，金将领前后共46位都统投降蒙古。1213年年底，成吉思汗派客台、哈台两将留守中都北部地区，将余部与投降的金军分成三路，向黄河北部进军。术赤、察合台，窝阔台率右翼军，南取今保定、定县、邢台等地，直到黄河，然后绕太行山而西，攻取上党、太原、代县等山西府州；左路军以成吉思汗二弟合撒儿为首，同术赤台、按陈那颜一起，沿海攻取今蓟县、滦县、辽西诸州；成吉思汗与第四子拖雷率中路军，由冀中平原进入今山东，攻取雄、霸、任丘、武邑、河间、沧、献、深、冀等地，以及济南、淄川、登莱等州。金朝没有料到蒙古军会深入中原，只在中都附近城池加强了城防。由于中原大部分兵力移往中都，导致中原各郡城防薄弱，只好调派乡民为兵，上城守防。如前所述，蒙古军采用了驱使乡兵家属攻城的方法，轻而易举地攻下诸多城池。黄河以北 90 多个城市，未被攻破的仅有中都、通州等 11 城，被破城的地区无一例外地受到了蒙古军的扫荡。

1214 年春，蒙古军三路大军携带抢掠的财物、人畜在中都城下会师，成吉思汗率部在大口驻扎。此时，成吉思汗再次拒绝了部将攻城的建议，他对部将说："欲留孤城予敌，俾力守以自困也。"（《蒙兀儿史记》卷 3，《成吉思汗本纪》）由此可以看出他想要彻底推翻金朝的野心。蒙古军南侵的主要目标是抢掠女子、财宝和牲畜，成吉思汗部下想要攻取中都无外乎也是这个缘由。为了满足部将们的要求，成吉思汗再次派阿剌浅入城和谈，提出的条件是让金廷犒赏蒙古军。

金宣宗召集文武大臣共同商议和谈之事，术虎高琪建议趁蒙古军人疲马瘦之际与其决一死战，这种方法立马就被丞相、都元帅完颜福兴（承晖）否决了，他说："蒙古军固然经过远征，实力大减。但是我中都驻守士兵都是各地招募来的，家属如今都散居各地，人心不聚也未可知。若孤注一掷，将士们或战败而逃，或战胜返乡，到时城无守军，岂不更加危险！祖宗社稷在此一举，何不先答应对方之和议，待他们退兵，我们再做打算。”金朝此时的状况正如他所说的“人心不聚”，女真族对兵、民的沉重压迫，导致人心尽失，军心涣散。金宣宗很同意完颜福兴的说法，很快就答应了成吉思汗的议和条件：献出战马3000匹，金帛若干，童男童女各500名，还献出卫王永济的女儿——岐国公主做成吉思汗的妻子。随后蒙古退兵，金宣宗派人将使者送出居庸关，一直到抚州獾儿嘴方止，此后蒙、金两国出现了短暂的和平（参见《青少年素质教育必读》编委会编：《成吉思汗》，朝华出版社2005年版）。

为了躲避蒙古军，1214年6月，金王决定迁都开封，但是，他的许多臣民认为这是一种逃跑的行为，在南迁的路上，一部分军队叛变，转身往北投靠蒙古人去了。

成吉思汗怎么可能放弃这一良机？1215年3月，成吉思汗派遣木华黎攻取北京城。守城士兵因金王撤退已无斗志，在蒙古军到来之时便疲于应战，又有守将弃城而逃，木华黎很快在投降将领明安的带领下进入北京城。

攻陷北京后，成吉思汗开始准备攻克金朝的新都——开封。但是开封有黄河天险保护，蒙古军不可能渡黄河攻城。在此情况下，成吉思汗制订了迂回制胜的作战计划，绕道取陕西，从一侧攻进河南，再集主力进攻开封。

1216 年至 1217 年冬，蒙古将领三木合把阿秃儿率军攻取了西安，并洗劫了这座号称“中国的罗马”的城市。之后，三木合把阿秃儿又南下进攻潼关。潼关连接着黄河、渭河，是黄河向东的拐角处，被称为“关中的东大门”，历来为兵家必争之地。潼关地势险要，蒙古军一时难以夺取，只好继续挥师南下，沿着华山略过洛阳而不攻，到达嵩山脚下。嵩山险峻，使得蒙古骑兵难以前行。三木合把阿秃儿转而攻击了洛阳南边的汝州，由此进入了平原地带。蒙古军顺利到达开封城，三木合把阿秃儿按照计划发起攻城指令。然而，开封府聚集了金军大部队，在蒙古军进攻到离开封城 4 公里的地方时，遭到了顽强抵抗，三木合把阿秃儿只好撤兵。幸好这一年的冬天来得特别早，蒙古军得以从冰上渡过黄河，顺利向北撤去。

看到败落的金朝已不再是最大的敌人，成吉思汗便不再将主要心思放在中原之战上了，蒙古军在此次战争后便没有再发动计划详细的对金战争了，只是继续着夺城、洗劫、弃城的行为，金军则不断地在蒙军撤退后收复失地。第二年，双方又从头开始（参见陈泽华编：《信仰的力量：成吉思汗》，吉林教育出版社 2013 年版）。

1217 年 9 月，成吉思汗委任木华黎负责中原战事。他授予木华黎“国王”称号，赐给他金印。此后 5 年，木华黎顽强地、坚持不懈地、有步骤地在中原攻城掠地，占领城池要塞，再一次把金王逼到了河南境内。

五、横扫世界，马踏天下

1. 攻入帕米尔

哈刺契丹帝国（1124—1218），即西辽，是由黑契丹人建立的王朝。黑契丹人是契丹人的一个分支，契丹人于907年建国，即辽国，936年入主中原，之后逐渐被汉化。1124年，辽即将灭亡之时，辽太祖耶律阿保机的八世孙耶律大石出逃至天山以西，在那里建立了哈刺契丹帝国，国王称“古儿汗”，建都于八刺撒浑。天山以西的居民部分是异教徒，部分是聂斯脱利派基督教徒，还有部分是伊斯兰教徒（喀什噶尔、叶尔羌以及和田等地区的居民一律是伊斯兰教徒），耶律大石利用中原文化收服了当地的人心，拥有了最高权力。

契丹人

在成吉思汗大刀阔斧地改造东亚时，哈刺契丹帝国却经历了一场政治危机。原来，成吉思汗灭了乃蛮王国后，作为乃蛮继承人的古出鲁克却逃跑了。1208 年，他逃到哈刺契丹，国王耶律直鲁古收容了他，还让他做了自己的女婿。古出鲁克不仅没有感激耶律直鲁古的恩情，反而于 1211 年带兵反叛，篡夺了王位。哈刺契丹国的居民大多信奉伊斯兰教，并且已基本定居，过着富足安乐的生活；而乃蛮人古出鲁克则是萨满教和聂斯脱利派基督教教徒。作为游牧民族的古出鲁克并没有才能去统治定居在这片国土上的人民，为了强迫人民服从他的权力，他竟然派出军队摧毁了喀什噶尔绿洲的土地，派人折磨和田地区的伊斯兰教的伊玛目首领。古出鲁克因其残暴的统治失去了全国臣民的心，而他又在这时同蒙古起了冲突（参见《青少年素质教育必读》编委会编：《成吉思汗》，朝华出版社 2005 年版）。

而这一冲突，恰恰又是他挑起的。

哈剌契丹的原附属国中，有这样两个部落：哈剌鲁和阿力麻里，哈剌鲁人居住在七河流域，首领是阿儿思兰；阿力麻里居住在伊犁河流域固尔札附近，首领是不扎儿。在成吉思汗帝国迅速扩张的时候，这两位首领敏锐地察觉到了蒙古国吹来的东风。1211 年，大将忽必来率领的一支蒙古军出现在谢米列奇耶北部，阿尔思兰即前往其营帐，向忽必来表明了自己的诚意，并跟随忽必来到蒙古大营朝见了成吉思汗。这时，不扎儿也派遣了自己的儿子前往蒙古朝见了成吉思汗，表达了忠心臣服之意。面对这两个部落的反叛行为，本来就与蒙古为敌的古出鲁克大可不必上心，但是暴躁的古出鲁克随即对他们进行了报复。他派出军队进入阿力麻里，趁着不扎儿打猎的时候将其抓捕并杀害，然后对阿力麻里国发起了进攻，但不扎儿的遗孀率领子民成功保护了自己的王国，随即不扎儿的儿子昔格纳黑的斤向成吉思汗发出了出兵相助的请求。

对于出自乃蛮部的古出鲁克登上哈剌契丹帝国王位之事，成吉思汗本就持怀疑态度。如今古出鲁克又杀害了刚刚投诚蒙古的阿力麻里首领不扎儿，这使得成吉思汗下定了惩罚他的决心。

1218 年，成吉思汗派出哲别向古出鲁克复仇。“哲别”是成吉思汗为这位大将起的名字，意为“箭”，可见哲别的军队是一支最快速敏捷的军队。时至今日，我们已无法知道哲别的行军路线及发起进攻的位置，甚至古出鲁克是如何受到致命打击的。据推测，蒙古骑兵可能经过畏兀儿，穿过天山，进入古出鲁克统治的地盘。推测的依据是在天山以西，在伊犁河上游固尔札附近，蒙古骑兵有一个活动据点。这里是阿力麻里王国，昔格纳黑的斤已成为新国王，在他的帮助下，蒙古军在此做了休整和补给。从这里出发，蒙古军沿伊犁河而下就进入了宽广的伊犁河平原，从而进入七河流域。七河流域水源丰富，土壤肥沃，盛产果蔬、粮食、亚麻、大麻，人民生活富裕，但是蒙古军的到来没有让他们惊慌失措，反而大开城门欢迎，这是因为这个地区的人民再也不愿忍受古出鲁克的残酷压迫了。在伊塞克湖以西的前哈剌契丹诸古儿汗居住的首都八剌撒浑，蒙古军也遇到了同样的情形。这座城市周围到处都是肥田沃土，蒙古军从未见过如此生机盎然、清新富丽的城镇，称呼它为“美丽的城市”。

蒙古军人一到喀什噶尔，古出鲁克就吓得不知所措，甚至都没想保卫这个地方就逃之夭夭了。蒙古军一路跟随着古出鲁克的踪迹，出喀什噶尔，进入穆思塔山脉一侧的崇山峻岭中，未等古出鲁克进入理想的避难地——号称“世界屋脊”的帕米尔高原，就追上了他。古出鲁克爬上撒里黑山谷，这里空气稀薄，遍布冰川，一片寂静，蒙古骑兵前锋很快就抓住了他，并当即砍下他的头颅。

当古出鲁克刚逃出喀什噶尔时，蒙古军就踏入了这个城市。考虑到古出鲁克的暴行对这里的居民造成的恐慌，哲别下令禁止部队进行任何抢掠。这支纪律严谨的部队顺利进入了喀什噶尔城后，哲别公开宣布取消古出鲁克对伊斯兰教所采取的一切措施，明确允许当地居民从事其宗教活动。喀什噶尔的居民都是伊斯兰教徒，他们早就对古出鲁克恨之入骨了，蒙古军的到来及颁布的新令让他们非常高兴，他们将蒙古军当成救世主一样欢迎。在城内居民的协助下，蒙古军将藏在家里的古出鲁克的亲信士兵全部剿杀。

占据东突厥斯坦大部分的哈剌契丹帝国就这样被征服了，随后蒙古军便征服了整个东突厥斯坦。短短几个星期，哲别就取得了如此大的胜利，成吉思汗担心这赫赫战功会令哲别自恃而骄，从而滋生反叛之心，便派人向哲别传了口谕，警告他千万不要学克烈部之王罕、乃蛮部之塔阳汗以及古出鲁克那样骄傲自大，否则会步他们之后尘。虽然成吉思汗的担心不无道理，但他确实没有完全信任哲别的忠诚。哲别战斗的目的不是取得天大的战功，不是为了建立自己的王国，他心心念念的是弥补之前对成吉思汗造成的伤害。成吉思汗有一匹非常珍爱的白口栗色战马，在一次战争中哲别射伤了它，后来成吉思汗欣赏哲别，将这位昔日的敌人提拔到了大将军的位置，从没追究过他以前的过失。但哲别一直心怀愧疚，想要以另外一种方式报答成吉思汗。因此，在征服东突厥斯坦后，哲别就急征了1000匹白口栗色战马，也就是同他射伤的那匹一样的战马，献给了成吉思汗（参见霍天威著：《成吉思汗传》，河北人民出版社2016年版）。

2. 花剌子模国的挑战

花剌子模是一个很古老的国家，位于中央亚细亚阿姆河下游，是唐代西域“昭武九姓诸国”之一，“花剌子模”是《元史》中的译音。蒙古人则将其称为“撒儿塔兀勒”，意为“商队”，这是因为那里的人们多精于商业。8世纪时，花剌子模被阿拉伯人征服，10世纪受萨曼王朝的统治，11世纪隶属于伽色尼王朝，11世纪中期又被塞尔柱突厥人建立的塞尔柱帝国征服。

1180年，塞尔柱王朝灭亡，花剌子模臣服于西辽。1200年，摩诃末继承王位，开始率兵征战周边国家，花剌子模开始强盛起来。1208年，摩诃末杀死了西辽使臣，攻入西辽国，由此开启了花剌子模国的全盛时期。

摩诃末几乎是和成吉思汗同时兴起的，他们有着同样的野心和计划，那就是征服世界。就在摩诃末计划侵入富庶的中原之时，传来了成吉思汗攻打金朝的消息。摩诃末于1215年派遣了以巴哈丁·剌只为首的使团，来到被蒙古军占领的中都，朝见了成吉思汗。成吉思汗接待了他们，让他们转告摩诃末说："我是东方的统治者，算端（西域信奉伊斯兰教诸政权之首领的称号）是西方的统治者，双方应当友好，让商人自由往来。"

成吉思汗对东西贸易来往十分看重，他将双方的贸易通道称为"黄金绳索"，在他控制了中原北方后，便在东西来往的各个通道上设置守卫，保证道路的畅通和往来人们的安全。他还颁布了一条札撒："凡进入他的国土内的商人，应一律发给其凭证，而值得汗受纳的货物，应连同物主一起遣送给汗。"（《成吉思汗箴言》）成吉思汗之所以非常重视贸易，是因为蒙古人游牧而居，缺乏衣物等手工制品，需要通过贸易获得，而同蒙古交易也可以获得厚利。在巴哈丁·剌只使团朝见成吉思汗的同时，有3个花剌子模商人也带着金缕丝织和棉织衣物来到蒙古边境进行贸易。边境的蒙古兵看中了这些货物，便将这3个商人送到成吉思汗面前。商人将货物全都摆到成吉思汗面前，成吉思汗问起价格，其中一个商人竟将价值10个或20个底纳儿的东西要到3个金巴里失（底纳儿和巴里失都是货币名称。1金巴里失值75底纳儿）。面对商人的欺骗，成吉思汗大怒，命人将这个商人带到府库中去，让他见识一下里面各种珍贵的织物，然后又没收了他的货物，将他扣押。另外两个商人看到同伙的遭遇，吓得不敢多言，无论成吉思汗怎样询问，他们都只说："我们只是奉国王之命，把这些东西奉献给汗的。"成吉思汗便收了他们的货物，按每匹缕金织物 1 个金巴里失，每匹棉织物 1 个银巴里失的价格付给他们；对于被扣押的那个商人，成吉思汗后来并没有追究，而是下令释放了他，并以同样的价格收购了他的货物。最后成吉思汗为表示对伊斯兰教徒的尊重，特意在白色营帐内接待了他们（参见刘屹松著：《成吉思汗全传》，华中科技大学出版社 2016 年版）。

野心勃勃的摩诃末不时挑起同蒙古的冲突。1217 年，速不台追击篾儿乞残部至楚河，歼敌之后准备回师之时，摩诃末的军队竟追踪而来，直追至谦河（今叶尼塞河）。速不台只好遣使前去劝说：

"大汗曾下令，若我们遇到花剌子模军队，千万不要交战，对贵军要以礼相待，将缴获的物品奉上，犒赏贵军。"

摩诃末自恃兵多，对使者回复说："成吉思汗虽命你不要攻击我，但上帝命我攻击你们！"

于是，摩诃末向蒙古军发起了进攻，速不台只好率兵迎战。摩诃末中军遭到蒙古军袭击，他没有料到蒙古军如此英勇善战，差点被俘虏，多亏了其子札兰丁及时救护才得以脱险。

1218年，摩诃末又趁着哲别进军西辽时，占领了直到讹答剌（今哈萨克斯坦共和国境内锡尔河中游地区）为止的西辽领土，挑起了两国之间的边境之争。

随即又发生了一件非常严重的事：摩诃末斩杀了蒙古国的商贸团队和使臣。成吉思汗根据两国的通商协议，派遣了一支由450人组成的商队，用500峰骆驼驮着金银、丝绸、驼毛织品、海狸皮、貂皮等贵重物品前去花剌子模国贸易，并携带呈给摩诃末的亲笔信，信中说：

“你邦的商人已至我处，今将他们遣归。情况你将获悉。我们也派出一支商队，随他们前去你邦，以购买你方的珍宝。从今以后，我们应使荒废的道路平安开放，使商人们可以安全和无约束地来往。”（参见朱耀廷著：《成吉思汗全传》，北京出版社1991年版）

这封信可以看出成吉思汗对两国真诚相待、互通有无、和平共处的愿望。

不久以后，蒙古的商队就从草原起程，向花剌子模进发。商队走到锡尔河畔的讹答剌城，发生了意外。讹答剌守将亦纳勒出黑是摩诃末母后秃儿罕哈敦的同族人，被封为“哈只儿汗”。他贪图商队的金银财宝，就下令拘捕全部商人，摩诃末命令他好好监护这批人。

但哈只儿汗却自作主张，杀死了商人，夺取了财物。只有一名商队的骆驼夫幸免于难，逃回蒙古立即向成吉思汗报告了同伴们的不幸遭遇。

蒙古帝国的察合台银币

成吉思汗听到这个消息暴跳如雷，内心久久不能平静，悲愤的眼泪不断涌出。他默默地登上一个山头，摘下帽子，跪在地上，脸朝地，以这样的姿态祷告了3天3夜，滴水未进。下山后，他决定马上对于花剌子模这种杀人越货的行径进行反击。他召集了部将们开始策划进攻哈剌子模国的战争。

但是在出师之前，成吉思汗想要了解商队被杀的真相，于是他先派了一个伊斯兰人和两个蒙古人为使者向摩诃末询问为何要杀害商队，他说："您曾与我约定，保证不虐待我国任何商人。结果却杀死了几百名商人，违背誓约，枉为一国之主。假如讹答剌杀害商人之事不是您的命令，请您把守将交给我，听我惩罚，否则就请您备战。"

摩诃末对亦纳勒出黑杀害蒙古商队的事本就不赞同，想要将他交出了事，但是又想到自己没能及时制止这一事件，也负有不可推卸的责任；再者亦纳勒出黑是花剌子模的母族，手中握有重兵，根本不受摩诃末的控制。所以摩诃末为了维护国君的威严，索性杀死了两个蒙古正使，割了副使的胡子，放其回去复命。胡子是伊斯兰教徒权利的象征，比生命还要重要，他们常在打赌的时候说："用胡子担保。"摩诃末割掉副使的胡子，对成吉思汗乃至整个蒙古国来说都是赤裸裸的挑衅行为，任谁也不能忍受（参见《青少年素质教育必读》编委会编：《成吉思汗》，朝华出版社 2005 年版）。

副使向成吉思汗报告了事件的始末，成吉思汗知道此事不能通过和平手段解决了，便开始部署战斗，向哈剌子模兴兵问罪，他先召集了忽里勒台（皇室及部落的聚会）。成吉思汗从与摩诃末签订的两国通商协议讲起，将商队被害的经过和使者被害、副使被割胡须的事情一一叙述下来，他怀着依旧悲愤的心情说道："我已下定决心，亲征花剌子模，以牙还牙，讨还公道！"

各位首领及将领对他的决定表示赞同。

此时，蒙古军还在与金朝作战，西征花剌子模就意味着蒙古军要两线作战。成吉思汗早在 1217 年秋天的时候就命木华黎带领汪古、豁儿罗思、兀鲁兀、忙忽、翁吉剌等 2.5 万蒙古军，加上投诚的主儿勤（女真）、契丹和汉军共 7.5 万人，继续攻打金国，并向他授予金牌，让他全权处理金国事宜。

成吉思汗又将本国的事宜交给斡赤斤小弟和阿剌

海公主，嘱托他们提高警惕，保卫本土。

将这两件大事安排好之后，成吉思汗向大家问道：“大家还有没有其他建议？”这时，耶律楚材站起来，鞠躬施礼，成吉思汗笑问道：“大胡子有何良言？”

耶律楚材说道：“花剌子模与我国距离遥远，气候、地势、民风都大不相同，战马、食粮、作战武器、攻城器械、生活用资等物资必须做好充分准备，以应万变。”成吉思汗点头同意。

3.“民主”的战前遗嘱

西征花剌子模是成吉思汗统治的一个新阶段，在此之前，成吉思汗从未走出蒙古草原的范围，即使蒙古军攻占了北京，在当时也只是蒙古草原的延伸。花剌子模是个未知的国度，它长期统治着突厥斯坦、阿富汗和波斯地区，是中亚西部名副其实的大国。

西征之路漫长，未知数太多，成吉思汗身边的人不免担心和不安起来，他的宠妃也遂这时提出一个问题，让他在远征前指定继承人，她进谏道：“可汗越高山峻岭，渡江河大海，远征长行，平定诸国。但凡有生之物都不能久生长存，假如您似大树一样的身躯骤然倾倒，这似绩麻一样的百姓由谁治理呢？您有 4 个英杰之子，该由谁继承您的宝座？当此临别之际，您应定下这件大事，让诸位子弟、百姓和我们这些贱婢知道您的旨意。”

成吉思汗心头当下为之一震，沉思不语，手摸略显花白的胡须，扫视了一下如铁塔般的4个儿子。诸位千户、万户瞪着惊奇的眼睛，一会儿看看成吉思汗，一会儿又看看也遂妃和术赤等4个兄弟，不知自己的大汗会作何反应、作何选择。一座偌大的宫帐顿时变得鸦雀无声，在场的人都预感到这是一个有关国家命运的、但又是一个十分微妙复杂的大问题，因此没有一个人敢多嘴多舌。只见成吉思汗脸上渐渐露出了赞赏的神情，面对诸子、诸弟和诸位将领说道：“也遂妃虽是妇人，但她的建议却十分重要。你们诸弟、诸子以及博尔术、木华黎等，不论何人都未曾向我提出这样的建议，我对此事也有所疏忽。因为我没有继承祖宗的事业，是自己打的天下，所以一直没有想到要确定继位人选。术赤是我的长子，请你先说说，这件事应该怎么办？”

术赤还未作反应，二子察合台就气呼呼地跳了出来，抢着说道：“父汗让术赤先发表意见，是否想把天下委付给术赤？他是一个由篾儿乞部拾来的人，我们岂能接受他的治理？”察合台话音未落，就已惹恼了一旁的术赤，他一个箭步跳到察合台身边，揪住察合台的衣领，脸色铁青，声音发颤，大嚷了起来：“父母都没有对我另眼相看，我从来没听说父汗有什么异言，你凭什么说我是拾来的呢？你有什么本事？你能战胜我吗？我们可以比赛射箭，我若败在你手下，我敢折断拇指扔掉；还可以当场搏斗，我若败在你手里，我就倒在地上不再爬起来。愿听父汗圣旨裁夺。”

两人都不服气，扭打在一起，互相扯着对方的衣领想要制服对方。多亏博尔术拉开了术赤的手，木华黎将察合台拉到一旁才避免了一场决斗。但术赤、察合台仍像两只好斗的公羊一样，怒目而视，口出恶言。成吉思汗没想到自己的一句话引起了这场突然的冲突，一时非常生气，呆呆地说不出话来，像一尊雕像一样坐在大汗的宝座上。察合台的师傅阔阔搠思感到自己没有尽到应有的责任，只好从东厢的诸将中站了出来，严厉地教训起察合台来：“察合台呀察合台，你何必这样性急呢？在诸子当中，父汗能不指望着你吗？当你们还没有出世的时候，有星的天旋转着，众百姓反了，不进自己的帐篷里，互相抢掠财物，有草皮的地翻转着，全部人民都反了，不进自己的被窝里，互相攻打。你那贤明的母亲不幸被人掳去，既不是她本意离家出走，也不是偷偷跑去私会，而是战乱造成的不幸，是无可奈何的事。你这样胡言乱语，怎能对得起你慈爱、纯洁的母亲，怎能不使人寒心呢？你们都是孛儿帖兀真一腹所生的孩子，是同胞的兄弟！你不感激她的教养之恩，反而责怪她，难道要让她为此抱憾终生吗？这是为人子女所为吗？”察合台低头不语，面红耳赤，闷闷不乐地回到了自己的位置上。术赤感到有人替自己出了气，也慢慢平静下来。

阔阔搠思继续对察合台说：“当你的父汗没有立国之前，你的母亲同你父亲一样辛苦。从你们出生那天起，她就时时刻刻地照看你们，额头的汗水流到脚上。不知受了多少艰辛。她宁肯自己忍饥挨饿，也要让你们吃饱穿暖。从你们不会走路开始，将你们养育成人。无非是希望你们成为一个好男子，希望你们不断上进。我们圣后之心，如日之明，如海之深，你们这样争吵，怎能不令你们的母亲伤心呢？你们就忍心让你们贤明的母亲伤心吗？”

察合台、术赤都被说得热泪盈眶，窝阔台、拖雷也在一边低声哭泣，这时成吉思汗才说：“阔阔搠思说得对，你怎么能这样说术赤呢？难道术赤不是我的长子吗？以后不许再说这种话。”

察合台听了成吉思汗的话，不便再说什么，微笑着说道：“我以后再也不说这样的话了，术赤是我的大哥，我以后要尊重他。我看窝阔台聪明能干，可以推举他，让他在父汗身边接受继承者的教育。我和术赤年纪最大，我们愿意在大汗前效力，打破那些躲避者的脑袋，砍断那些落后者的腿脚。”

成吉思汗回头对术赤说：“术赤，你看怎么办？请你谈谈自己的意见。”术赤预感到成吉思汗已经同意察合台的建议，自己再争下去也是自讨没趣，只好说道：“察合台已经说了。我们两人愿并行效力，可以推举窝阔台。”成吉思汗说：“你二人不必并行。天下大地辽阔，江河众多，我可以分封给你们宽广的土地，让你们各守封国。我只希望你们实践自己的诺言，不要让百姓耻笑，让他人嘲讽。前些年阿勒坛、忽察儿等，也曾这样立下誓言，但他们却没有实践自己的诺言，他们的下场如何呢？他们受到了应得的惩罚。如今他们的子孙还在，我把他们分给你们二人，请你们随时引以为戒。”术赤、察合台点了点头。

成吉思汗又转向窝阔台，问道：“窝阔台有什么意见，请你说说看。”

“父汗降恩让我说话，我能说什么呢？”窝阔台谦逊地向前迈了两步，用深情的目光扫视了一下在场的叔叔、兄弟和诸位那颜：“我能说自己不行吗？今后尽力而为吧。将来我的子孙中如果出现一些无才无能之辈，裹在草里牛不食、涂上脂膏狗不理、野兽敢在他面前横越、老鼠也敢在他后头穿行，这样不肖之辈如何委以重任呢？我最担心的是这件事，其他还有什么可说的呢？”

“窝阔台说得有理，拖雷有什么想法，你也说一说吧！”成吉思汗的目光最后落在第四子拖雷身上。

拖雷身为幼子，按蒙古风俗由幼子守灶，有权继承父亲的产业。但蒙古的汗位一直由民主推举决定，并没有说一定由幼子继承汗位，拖雷清楚自己的军事才能虽不亚于诸位兄长，但治理国家、统率诸将的政治才干确实比不上窝阔台，于是毫不迟疑地说：“我同意父汗与诸位兄长的意见。我愿在父汗指定的兄长身旁，提醒他忘掉的事情，弥补他熟睡时的疏忽。我愿做应声的随从、策马的长鞭。应声不落后，前进不落伍，愿为他长行征进，愿为之短兵征战。”

听了4个儿子的意见，成吉思汗降旨说：“合撒儿的子孙中报一名继承人，合赤温的子孙中报一名继承人，斡赤斤的子孙中报一名继承人，别勒古台的子孙中报一名继承人，我的儿子中将来由窝阔台继承汗位。我所下达的旨令，永远不许更改和撕毁！”（参见楳本舍三著：《成吉思汗》，民族出版社1987年版）

4. 西征大战

为了应对西征，成吉思汗决定在全国范围内招募士卒，在人员、战争物资及舆论上尽可能地做好准备。

1219年6月，成吉思汗率领4个儿子和军将大臣，另带着忽兰妃，从克鲁伦河出发，越过阿尔泰山，到达也儿的石河畔扎营。

在这里，成吉思汗向花剌子模国发出了战书，表示要为死去的商人复仇的决心。随后大军西进，沿途归附的畏兀儿和哈剌鲁部首领加入西征军队中。军队经过天池穿越阴山时，凿石架设了48座桥。接着依次经过了阿力麻里、西辽旧都虎思斡耳朵（八剌撒浑），于秋天到达花剌子模边境城市讹答剌。

在讹答剌城下，成吉思汗将兵分为4路，分别进攻4城：一路由察合台、窝阔台率领，进攻讹答剌；一路由术赤指挥，扑向毡的（今哈萨克斯坦克孜尔奥尔达东南）；一路以阿剌黑为统帅，取别纳客芯（今乌兹别克斯坦塔什干南）、忽毡（今塔吉克斯坦列宁纳巴德）；一路是成吉思汗和拖雷率领的蒙古军主力，直取

出征花剌子模国

不花剌（今乌兹别克斯坦布哈拉）。

当蒙古大军逼近讹答剌的时候，摩诃末就派出了5万人的军队加强那里的守卫力量，又派哈剌察率领1万骑兵进行驰援，并加固了城池，储备了大量军用物资。讹答剌城的亦纳勒出黑海儿汗准备据城死守。

随即，蒙古大军到达城下，向讹答剌城发起了进攻。战争进行得非常激烈，蒙古军怀着报仇雪恨之心，攻城甚力，亦纳勒出黑自知不可能取得成吉思汗的原谅，况且他现在在如铁桶般的包围中绝无逃生之路，只能借坚固的城防拼死反抗，战斗进行了5个月，讹答剌人终于抵挡不住了，部将哈剌察向亦纳勒出黑提议投降。亦纳勒出黑是这场战争的祸首，深知就算投降也不会保命，于是拒绝了哈剌察的提议。

哈剌察见亦纳勒出黑拒绝投降，便趁着夜色带领亲信突围出城，结果被蒙古军俘获送至察合台和窝阔台处。哈剌察表示愿意臣服于成吉思汗，察合台和窝阔台说："你们不忠于自己的主子，因此我们也不指望你们的效忠。"于是下令将他们全部处死了。

紧接着，蒙古军就拿下了讹答剌城，将城内的百姓赶出去，对这座城市进行了洗劫。亦纳勒出黑则率领2万士兵退守内堡，这些将士都抱着拼死一战的想法将内堡守护得严严实实的，蒙古军又攻打了1个月，才将亦纳勒出黑的士兵基本消灭掉。内堡只剩下亦纳勒出黑和 2 名士兵了，他们被困在堡顶。士兵很快就战死了，亦纳勒出黑也丢了武器。奉成吉思汗活捉亦纳勒出黑的命令，蒙古军团团围了上去，亦纳勒出黑不断地投掷砖头，砖头用完了，他也就被俘了。蒙古军给他戴上沉重的铁镣，送往成吉思汗营帐。成吉思汗命人将熔化的银汁灌进他的耳朵和眼里，以报商队被杀之仇。

讹答剌城被夷为平地，所有工匠和幸存的百姓被编成蒙古军的“哈沙儿”队（俘虏队），跟随大军一起攻取其他城池。

由术赤领导的第二路军，按计划沿着锡尔河下游向毡的城进军。蒙古军沿路不断夺取城池，第一个攻打的就是昔格纳黑城（今哈萨克斯坦契伊利东南）。有个叫“哈散哈只”的人是花剌子模人的同胞，与当地人很熟，此人曾在蒙古买卖商品的时候与处境艰难的成吉思汗相识，随即加入了成吉思汗的队伍。于是术赤先派他带着蒙古使节团进城游说，希望能说服城内百姓不要做抵抗，以免性命不保。

但出乎术赤意料的是，哈散哈只刚进入城内，还未来得及向百姓宣达使命，就被一群流氓恶棍团团围住，他们高声欢呼着“安拉万岁”，不由分说就一拥而上将他打死了。术赤听闻大怒，下令昼夜不停地攻城，终于在 7 天后攻下昔格纳黑城。为了给哈散哈只复仇，术赤关闭了宽容的大门，下令屠尽城内百姓。

术赤的军队沿途又攻下了讹迹邗、巴耳赤邗城（均位于昔格纳黑和毡的之间），城内百姓由于没有进行激烈的反抗均幸免于难。

蒙古军逼近了毡的，毡的守将忽都鲁汗被蒙古军攻无不克的威势吓得魂飞魄散，在晚上趁黑逃跑，登上旅途，渡河后横越沙漠，奔赴花剌子模去了。术赤得知忽都鲁汗及其军队逃跑的消息，就派一个叫“成帖木儿”的人带领使团入城劝降。然而这时城内群龙无首，百姓各自谋求自己的出路，并没有人能做出决断。成帖木儿的到来引起百姓的骚动，有人还企图像昔格纳黑城的人杀死哈散哈只那样，攻击成帖木儿。成帖木儿感觉出了危险，就及时发表了一篇机智巧妙的讲话。他首先提到昔格纳黑事件和那些谋害哈散哈只者的下场，从而缓和了百姓们的情绪，使他们安静下来，不敢再轻举妄动。接着他申明此行是为了与该城订立和约而来，只要订立和约，他就不会让外国军队到这里来的。百姓们听从了他的劝告，订立了条约。

成帖木儿返回驻地后向术赤汇报了毡的城内的情况和自己的遭遇，他说：“城内居民软弱，群龙无首，战斗力不强，很容易就能攻克。”于是，术赤就下令做攻城准备，在城前填塞城壕，架设撞城器、投石机，准备好云梯等。毡的多年未经战争，城内军民多数未见过这种阵势，他们只是紧闭城门，好奇地看着蒙古军的这一系列行动，还很纳闷他们会怎样登上这么高的城墙！

直到蒙古军做好了一切准备，将云梯架到了城墙上，城内居民才想起要战争了。他们不知从哪儿推来了一台投石机，将石头放置好后就发射出去了，可是石头没飞向敌军，反而垂直地飞上天空，又按照原轨迹落下来，将投石机砸得粉碎。就在城内居民还没来得及做出有效反抗时，蒙古军就爬进了城内，打开了城门。大军进入毡的城，城内百姓还是无人反抗，于是在双方无一伤亡的情况下，蒙古军顺利地占领了这座城池。

第三路军由阿剌黑率领，进攻锡尔河上游地区。他们首先来到别纳客忒城，与这里的守将亦勒格秃灭里指挥的突厥、康里军队大战了 3 天，由于蒙古军只有 5000 人，进攻毫无进展，但同时亦勒格秃灭里也感到难以继续抵抗。第四天，城还未破，城内居民便竞相出城投降。蒙古军将兵士全部杀害，将工匠分配给各级那颜，普通年轻人充当“哈沙儿”，分别被编入千人队、百人队、十人队。

阿剌黑的军队继续前进，来到忽毡城。该城守将帖木儿灭里是花剌子模的英雄，他带领臣民们进行了顽强的抵抗。蒙古军一到城下，帖木儿灭里就让居民们转移到了内堡，自己带领 1000 多名骁勇善战的将士在城北的锡尔河中间据守，他们在那里修筑了一座高大坚固的城堡。蒙古军发现这座城堡不在弓弩和投石机的射程内，一时无法进攻，便紧急调来了 2 万蒙古兵，又将俘虏的本地青年驱使做“哈沙儿”队。阿剌黑令这支“哈沙儿”队和从讹答剌俘虏的 5 万“哈沙儿”一起，从附近不远的山中搬运石头填入锡尔河中，企图填河攻城。

针对蒙古军填河筑坝的行为，机智的帖木儿灭里令人造了 12 只船，船上先覆盖湿毡，再覆以醋浸过的黏土，四周只开小孔，用以窥视和放箭。每天早晨都会有 6 只船从各个方向开来，蒙古军以石油和火把投之都不管用。这些船只还将蒙古军抛入河中的石头捞起再抛回岸边，搞得蒙古军无所适从。帖木儿灭里还善于夜袭，时常在蒙古军困顿之时来袭，蒙古军经常措手不及、苦不堪言（参见俞智先、朱耀廷著：《成吉思汗》，北京出版社 2001 年版）。

面对帖木儿灭里的顽抗，蒙古军调集了更多的战械，准备向河中的城堡发起更猛烈的进攻。帖木儿灭里毕竟势单力薄，承受不住蒙古军的猛攻，渐渐败下阵来。他准备了 70 多只船，载满伤员和辎重，准备撤离。这天夜里，帖木儿灭里率一支精兵乘坐一艘大船，点亮了火把，迅速沿河而下，蒙古军沿河一路追击，每当一股蒙古军登上岸时，帖木儿灭里就让船靠近河岸，用箭矢击退他们。就这样，帖木儿灭里的大船一路护送着其他船只到达了别纳客忒，蒙古军已经用铁锁将河流封锁起来。帖木儿灭里令大船加速驶向铁链，将铁链撞断，带领士兵们继续撤退。

术赤得知帖木儿灭里突围成功并沿河逃跑之后，命人在锡尔河下游架设好浮桥，准备好弩炮，屯以重兵，等待帖木儿灭里的到来。帖木儿灭里得知这一消息后，在蒙古军的伏击点之前的巴耳赤邗就舍船上岸了。他骑上快马，率士兵们朝山野撤去。蒙古军紧追不舍，帖木儿灭里亲自断后，让车马辎重先行，待击退蒙古军再跟上队伍。一连几日，帖木儿灭里以这种方式边战边退，后来蒙古军越聚越多，辎重都被抢去，士兵也所剩无几。

最后帖木儿灭里身边仅存的几名随从也都战死了，他手中的武器也失掉了，只剩下 3 支箭，其中有一支还是无镞的断箭。这时 3 个蒙古人追了上来，他用那只无镞的断箭射瞎了一个人的眼睛，然后对另外 2 人说：“我还剩两支箭，刚好够你们 2 人消受。但我舍不得用，你们最好还是逃命去吧！”蒙古人非常害怕他的箭法，不敢上前，只好退走。

帖木儿灭里脱身后来到玉龙杰赤，重新准备投入战斗。他从那里率领一支人马进攻养吉干，杀死了蒙古派驻养吉干的长官。之后他又投奔到花剌子模算端摩诃末处，继续在疆场驰骋，英勇杀敌。直到摩诃末死后，他才放下手中的武器，成为一名苏菲派（伊斯兰教的一个派别）教徒，前往叙利亚（参见俞智先、朱耀廷著：《成吉思汗》，北京出版社 2001 年版）。

在三路军不断攻下锡尔河沿线的城池之时，成吉思汗也带着他的四子拖雷率中军（主力军）从讹答剌向河中地区的中心泽拉夫尚河谷进发。

1220 年 2 月，成吉思汗率军抵达不花剌。

不花剌是蒙古帝国时期最大的城市之一，这里气候宜人、物产丰富。不花剌城由三部分组成：城堡（周长 1.5 公里）、不花剌本城（狭义上的不花剌，即内城）和郊区（外城）。不同于其他地方的是，不花剌的城堡建在内城外而不是内城以内。本城建在城中心的一个台面上，四周围以城墙，有集市门、香料商门、铁门等 7 个城门。

当成吉思汗的大军到来时，守卫不花剌的是由 2 至 3 万的突厥雇佣军组成的骑兵。蒙古军攻打了 3 天，没有任何突破，便抓来当地百姓驱使在前，再次发起冲锋。两天后，突厥雇佣军将领就失去了信心，他们商议过后，准备在晚上突袭逃走。英勇善战的雇佣军连夜突破了蒙古军的包围，奔驰而逃。蒙古军摸清状况后，立刻派骑兵前去追击，最终在锡尔河畔一处全歼了这支突厥雇佣军。

失去了守城军的城内居民只好向蒙古军投降，他们派出了一些伊玛目和知名人士前去朝见成吉思汗，以示投降。成吉思汗正好从大回教寺院前通过，于是指着寺院向他们问道：“这是你们的宫殿吗？”人们答道：“这是安拉神殿堂。”成吉思汗下马走上寺庙的祭坛，朝士兵发出喂马的指令，于是士兵们就将寺内珍藏伊斯兰经典的经籍搬来当马槽，经籍在马蹄之下尽遭践踏。除此之外，蒙古军还将装面的皮囊带进寺庙，与歌妓在寺内夜夜笙歌，随意妄为。寺里的高僧、法官都成了奴隶，为蒙古军喂马。这些野蛮的行为都永远地留在伊斯兰教徒的心中，时至今日都无法得到原谅。1220 年 2 月 10 日至 16 日，蒙古军陆续进入不花剌城。但是城堡还有 400 名骑兵坚守，成吉思汗传令：“不花剌所有持军械的居民都要自首，否则格杀勿论，将尸体填入城堡周围的沟壑里！”见城堡的守卫毫不动摇，蒙古军便奉命发起了进攻。他们架起了投石器，霎时间四面八方飞来的石头就将城堡打开了一个缺口，蒙古军趁机冲了进去，城堡内的军民全部被杀光，无一幸免。

攻克了不花剌，蒙古军就切断了花剌子模新、旧都的联系，大军休整过后，成吉思汗就挥师东进，向花剌子模的新都撒麻耳干进军。

撒麻耳干是个富饶美丽的城市，因它建立在泽拉善河南岸，又被称为“河中府”。

摩诃末在撒麻耳干布置了11万人的兵力，其中6万是秃孩汗率领的突厥人，秃孩汗便是花剌子模母后秃儿罕哈敦的弟弟；5万是大食人（伊朗人），此外还配备了20头最强壮的大象。这些大象能扭弯圆柱，作为步兵在战场上的防护，掩护他们向敌人进攻。撒麻耳干许多居民也加入了战斗的阵营，城池也大大加固了，四周修筑了若干条外垒防线，城墙增高了许多，濠堑则深挖到干土下面的水层。

1220年5月，蒙古军到达撒麻耳干，成吉思汗先派一支军队扫清了撒麻耳干城的外围，令阿剌黑、毕速尔率一路军攻取铁门关、塔里寒，以断其外援。在蒙古大军还未到达城下的时候，摩诃末就携其子札兰丁等人逃跑了。虽然撒麻耳干已无人指挥，但是对蒙古军的反抗还是非常激烈的。成吉思汗亲自指挥作战，他分兵堵住撒麻耳干的每个出入口，不让花剌子模的军队冲出来；再层层围住撒麻耳干城，令投石机和弓弩向城内不停地发射石头和箭矢。城内的军民也毫不示弱，一次次向城外拼杀，但是被蒙古军一次次逼回。由于花剌子模士兵都是骑士，在城内发挥不了优势，于是他们放出大象，让这些大象去进攻蒙古军。蒙古军受到大象凶猛的攻击，一时慌乱不已。将领们讨论过对策后，命士兵将弓弩对准大象，不多久这些威力强大的箭就重创了大象，它们纷纷掉头跑回城内，一路踩死了不少花剌子模士兵。

这一天的战斗使撒麻耳干人忧虑万分，他们怀着不同的心情，产生了许多不同的看法。一些伊斯兰教首领和披戴头巾的人，感到蒙古军英勇无畏，开始变得六神无主，从思想上打消了抵抗的念头。他们私下议论，突厥人与蒙古人是同一种族，城破后说不定会受到优待，于是决定首先投降蒙古。突厥人中的一些将领也丧失了战斗的信心。第五天早晨，有一些人作为这些投降派的代表，私自打开纳马思哈黑门去见成吉思汗。他们得到了成吉思汗的鼓励，并且得到投降不杀的许诺，然后他们又返回城内，到了祈祷的时刻，他们不是祈祷真主帮助他们保卫首都，而是打开了撒麻耳干的城门,放蒙古军进城。眼看着蒙古兵拆毁城池、摧毁外垒。

第六天早晨，蒙古军成大队地开进城内，城里的男女居民，以 100 人为一群，由蒙古人监视，被赶到城外。只有那些去晋见成吉思汗的伊斯兰教首领以及受他们庇护的人们，才免于出城。获得这种保护的大概有 5 万人，大多数为工匠。随后，蒙古人通过传令官宣布了一道命令：“藏匿不出者，格杀勿论。”蒙古军队开始进行抢掠，许多藏在地窖或其他角落的人，被发现以后都遭到了杀害。

管理大象的象夫将20头大象牵到成吉思汗面前，作为奉献给他的珍贵礼物，请求能得到象食。成吉思汗问：“大象靠什么为生？”象夫回答说：“靠原野上的草。”成吉思汗下令放掉大象，让它们自己到原野上去吃草。大象虽然得到了赦免，最后却在荒野中饿死了。

当时，一些不愿投降的守军已经退入内堡，但不少人也被吓得肝胆俱裂，既不敢挺身抵抗，又不能转身逃跑。直到天黑以后，阿勒巴儿汗才率领1000名不怕死的勇士冲出内堡，从蒙古军中杀出一条血路，前去与花剌子模算端会合。天亮以后，蒙古军包围了内堡。放满水的蓄水池遭到了破坏。那天晚上，1000名英勇无畏的战士在内堡被攻破后，退守大清真寺，用火油筒和方镞箭进行激战。蒙古军也使用火油筒还击，将

蒙古军以火攻城

大清真寺焚烧一空（参见俞智先、朱耀廷著：《成吉思汗》，北京出版社 2001 年版）。

撒麻耳干的外城和内堡很快变成了一片废墟。剩下的居民和城堡守军都被赶到城外，突厥人和大食人被分为两队，按 10 人、100 人编队。他们按照蒙古习惯将突厥人召集起来结发为辫。剩下的 3 万多突厥康里人全部被处死了，其中包括几个著名的统帅和花剌子模的 20 多名大异密（侍卫、随从）。另有一些大臣、士兵和居民则悲愤地自杀，以身殉难，最后蒙古人开始清点那些刀下余生者：3 万手工工匠被挑选出来，分给了成吉思汗的诸子和族人；又从青壮年中挑选出 3 万人，编成一支签军（强行编成的军队）。对其余的人也刀下留情，但要求他们交纳 20 万的赎金。成吉思汗委派了管理撒麻耳干的长官。土尔其守备军一个未剩，全部被杀，指挥他们的将军也全部被处以死刑。

5. 花剌子模国王之死

话说花剌子模国王摩诃末一路逃亡，觉得哪里都不是十分安全。他的一个宿将建议：河中地区已无法挽救，应全力防守呼罗珊、伊拉克，召集各处之兵合成一军，并招教徒入伍，共同据守阿姆河一线，但摩诃末不以为然地否决了。又有人建议："我们可以将军队撤到哥疾宁（喀兹尼）抵抗蒙古人，如形势不利，还可以渡河退到印度。”摩诃末马上接纳了这个消极防御、积极逃跑的建议。

不过，摩诃末的儿子札兰丁对这两个建议都不满意，他主张立即回师与蒙古军展开正面战斗。此时摩诃末只有逃跑的念头："逃命要紧，逃命要紧！”他再也不想采取作战行动，因此，他对札兰丁怒目而视："你知道什么！吉凶之势是天注定的，岂是你能改变得了的？小小年纪，不知天高地厚，狂妄自大！”札兰丁苦苦哀求他以国民为重，据守阿姆河，争取时间，等待转机。摩诃末被他说得不耐烦，干脆打发他去增援旧都玉龙杰赤。

就在摩诃末苟延残喘的时候，成吉思汗派出大将哲别、速不台率领精骑昼夜追击摩诃末。他命令他们穷追不舍，沿途屠城，降者安抚之，抗者消灭之，就是追到天涯海角，也不能放过摩诃末。哲别、速不台受命后，不敢稍有迟缓，日夜兼程地朝摩诃末逃跑的方向追击。

不久，哲别率领的大军已从般扎卜渡过阿姆河，进入摩诃末的驻地。摩诃末的诸臣子、王子为了保护国王的安全，与哲别展开了激烈的战斗，哲别初战不利。就在此时，速不台的后卫军也赶到阿姆河岸边。此时天色已晚，速不台命令士兵每人点 3 支火把，在阿姆河上下游走，顿时星火如昼，摩诃末大声惊呼道：“蒙古大军将至，我们还是快快撤退吧！”于是，摩诃末率领军队又匆忙进入巴里黑地区。

哲别、速不台紧追不舍，不敢有丝毫大意。有趣的是，摩诃末在逃亡途中，因丧失信心，一路都在散播失败投降的消息，沿途的军队都对这个君王感到失望，他们想：连国王都不想保卫国家了，我们拼死抗战又是为了谁呢？于是，摩诃末逃跑的沿线人人心头弥漫着叛花投蒙的情绪，而有关摩诃末的行踪也在这种情绪的蔓延中不断地传到蒙古追兵那里。

摩诃末进入巴里黑后，他的部下没有与他同仇敌忾，而是想将这个祸首杀死。当天晚上，摩诃末得到消息，于是换了个睡处，躲过了一劫。此后，他更加提心吊胆，重新组织一批护卫人员和3万军队，径直向呼罗珊进发。

哲别、速不台大军站在阿姆河畔，准备用蒙古人的皮筏顺阿姆河而下，进攻呼罗珊。花剌子模士兵见到他们如同见了天兵天将，纷纷抱头鼠窜，营帐和兵器都顾不上收拾了，几万主力一下子作鸟兽散，逃入各城镇乡村。留在摩诃末身边的军队越来越少，诸城失陷的消息又纷纷传来，军心动摇，各王公贵族都各自领兵弃摩诃末而去。

坐皮筏渡河的蒙古军很快就突破了阿姆河上的防

线。哲别、速不台到达巴里黑后，不费一兵一卒就降服了这座城市。安排好守城任务后，哲别选派了一个当地的向导带路，他们沿途抢掠，屠杀了一大批不甘投降的平民。

蒙古军渐渐逼近你沙不儿，摩诃末借口出城打猎，想离开这里到伊拉克去避难。就在这时，探马飞报说蒙古军到来了。摩诃末回到哥疾宁，将自己的嫔妃、子女和母亲送到哈伦堡安身，以得到伊拉克守将的保护。

哲别、速不台大军西进途中并没有遇到太激烈的抵抗，他们每到一座城池，都会得到许多财物和粮草，所以，他们也没有对城中居民进行杀戮，只有经过徒思城（今伊朗马什哈德北）时，该城的守军和贵族对蒙古军表示了敌意，于是哲别攻下它，并对这里的城民进行了无情的杀戮。

在哲别与速不台分兵追击时，摩诃末身边的王侯、大臣在哥疾宁聚集了一支3万人的军队，摩诃末打算据此与蒙古军对抗。不久，哲别等人一举攻下了剌夷城。消息传到摩诃末君臣的耳中时，摩诃末震惊地说：“难道安拉就不爱护他的孩子了吗？为什么蒙古人在你保护的土地上会所向无敌呢？”他的话传出后，整支军队的士气跌到了谷底，将士们纷纷逃跑，刚刚聚集起来的军队又失散了一半，溃不成军。摩诃末忙带着亲信跑到哈伦堡去避难。哲别听说摩诃末躲在哈伦堡中，率军赶往那里与摩诃末剩下的1万多人激战。双方还未分出胜负，哲别又得到消息说摩诃末已经逃走了，于是弃城不顾，马不停蹄地追去。

摩诃末辗转各地，怎么也摆脱不了被追杀的命运。后来，他逃到里海的一个小岛上，在当地的清真寺里虔诚地祷告了几天，然后在随行教长诵读《古兰经》的声音中向另一个远岛出发。跟随他的将士死的死、逃的逃，只剩下了几个儿子和一些贴身侍卫。他们一路只顾逃命，行李丢了也不敢收拾，来到岛上后缺衣少食，全靠沿岸居民的接济，在小岛上过着提心吊胆的日子。

不久，在叛徒的带领下，哲别、速不台大军来到海边搜寻摩诃末的下落，但没有找到，于是回师攻克哈伦堡，将摩诃末的亲族全部抓住。摩诃末得到消息后，垂泪喊道："待我复兴之日，定要遵照正义之礼，报仇雪恨。"他喊完顿觉头晕目眩，在卧榻上躺了几天，忧愤交加，整日神智错乱，迷糊不清。不久，摩诃末患病，没有药品，环境又差，病情一天天加重。后来，他听说自己心爱的嫔妃被送进了成吉思汗的军帐，母亲秃儿罕哈敦也成了成吉思汗的俘虏，昔日饮酒作乐的皇宫成了一片废墟，他的精神彻底崩溃了。弥留之际，摩诃末将几个儿子召集到身边说："非札兰丁不足以光复故国。”他亲自给札兰丁戴上配刀，命诸子发誓今后忠贞不贰。

几天后，即1220年12月初，摩诃末死在了小岛之上。他死后，“诸子仓皇无敛衣”，还是一个侍卫拿出自己收藏的衣衫才装殓了这位泱泱大国的国王。

摩诃末放弃首都，放弃天险，放弃一路上所有的城堡，祈求于神灵与天意，只知道率众逃跑，从未做出过一次像样的抵抗。由这样一个人充当抗战时的领袖，国家焉能不生灵涂炭？摩诃末本人被困死于岛上，幼子被杀，嫔妃、母后被掳，花剌子模帝国危在旦夕，蒙古军的全面胜利就在眼前（参见刘屹松著：《成吉思汗全传》，华中科技大学出版社2016年版）。

6. 乘势横扫欧亚

摩诃末死在了小岛上，花剌子模帝国上下并没有因为他的离去而伤悲，相反，众多贵族都觉得他的辞世能给花剌子模带来不一样的未来，他们觉得新国王札兰丁将带领他们收复河山。札兰丁在伊拉克境内积蓄力量，准备等待有利的时机对付成吉思汗的大军。此时在花剌子模腹地，蒙古军仍在不停地攻城略地。

1220年冬，也就在成吉思汗从兴都库什山返回不久，他把进攻的目标锁定为玉龙杰赤（今土库曼斯坦的库尼亚—乌尔根奇）。

玉龙杰赤是花剌子模国的故都，是容纳该国无数珍奇的府库，也是花剌子模国最文明、最富庶的宝地。人称“你期望的一切，物质的和精神的，都在其中”。

继撒马尔干之后，花剌子模中诸州和边疆诸城纷纷被蒙古军侵占，玉龙杰赤已经完全成为一座孤城，蒙古军从四面八方将它围得水泄不通。如果从上空向下俯瞰，玉龙杰赤坐落在中央，就像“绳子被割断后倒塌下来的帐幕”，在狂风中飘摇。

这一次，成吉思汗的3个儿子率先向玉龙杰赤进发。当时，札兰丁带着几个兄弟从小岛上跑了出来，回到玉龙杰赤。众人见到新国王后，个个欢欣鼓舞。其时玉龙杰赤已经会聚了9万突厥、康里军队，但这支军队掌握在前王储斡思剌黑等突厥、康里将领手中。面对大权旁落，札兰丁心中自然感到不快，一心想要夺回兵权。皇太后秃儿罕哈敦一派的王子也坐立不安，他们都畏惧札兰丁，于是密谋杀死札兰丁。消息传到札兰丁耳中，他仔细权衡利弊，决定逃往呼罗珊地区避难。札兰丁离开之后，帖木儿蔑里对突厥、康里人的行为非常不满，于是带上自己的300名骑兵追随札兰丁去了。他们用16天时间横穿花剌子模、呼罗珊两地的沙漠，到达奈撒地区（今土库曼斯坦阿什哈巴德东）。

新国王一走，花剌子模的旧都玉龙杰赤又陷入了混乱之中。

1221年年初，术赤、察合台受命进攻玉龙杰赤。城中守军没有得力的大将统率，土耳其人库马鲁的斤作为秃儿罕哈敦的亲戚在此守备。库马鲁的斤力主抵抗，都城内部的主战派最后占了上风，他们在库马鲁的斤的号令下，立即部署兵力加强防御。

蒙古军包围玉龙杰赤达6个月之久，也没有攻下这座古城，这并非因为敌人的抵抗有多顽强，而在于术赤与察合台不和。术赤为了避免破坏这个富裕的都市做了一切努力（此地后来成为他的封地）。城内的许多名人贤者也主张劝降，和平进占该城，但是，等了很久，玉龙杰赤的主战派仍没有投降的表示。察合台对术赤的“软攻”策略很不满，一怒之下派自己的部队强攻，使术赤之前的努力都付诸东流。察合台率部花十多天填塞城外沟堑后，发动总攻。玉龙杰赤横跨阿姆河，中间有桥梁相连，城内饮水全靠这条河。察合台一改惯用的火攻办法，派3000勇士首先占领大桥。这座桥是城内居民生命所系，因此此处的交战异常激烈。蒙古军一度占领桥梁，但又被团团包围，经残酷的白刃格斗，3000人无一生还。这一仗鼓舞了花剌子模守城军民的士气，他们一直坚守7个月之久，城外堆满了蒙古军的尸体。

时日拖久了，远在阿富汗境内的成吉思汗大为恼怒，立即派窝阔台为总指挥，令他不惜代价迅速拿下玉龙杰赤。

窝阔台到达玉龙杰赤时已是秋末，他调解了术赤和察合台之间的矛盾，并严整军纪，然后向玉龙杰赤发起总攻。经过蒙古军几番密集箭阵的冲击，玉龙杰赤的守军完全败下阵来，被迫退入内城，但城里的巷战也异常激烈。蒙古军见到活物便杀，不管是人还是牲畜。城里的人也以最偏激的方式进行抵抗，从一条街到另一条街，从一家到另一家，战斗达到了寸土必争、尺地必夺的激烈程度，连妇女儿童也参加了战斗，蒙古军只得暂时撤到城外。

玉龙杰赤的反抗虽然声势浩大，但群龙无首，因而人心惶惶。许多绅士和贵族纷纷建议道："王储都不在了，我们不能没有掌事的首领啊！"城民一致同意在诺鲁思大会上推举一位诺鲁思王，由他暂任国主，掌管战时事务。但因主战派和主降派的意见不统一，最后，秃儿罕哈敦的亲族忽马儿异密成了临时的苏丹，掌管城中事务。

为了攻城，窝阔台派一小队蒙古军跑到玉龙杰赤城下抢掠牲畜，引玉龙杰赤守军出城。花剌子模人不知是计，守将打开一扇城门，数千守军和百姓一窝蜂地奔了出来，企图将这些蒙古人杀死。蒙古人忙翻身上马，飞一般地“逃走”。花剌子模人紧追不舍，一直追到几十里之外的城郊宴游花园附近，蒙古大军立即从埋伏之地杀出。经过半天的厮杀，花剌子模人死伤无数，想逃生的人拼命奔跑回城，蒙古军紧随其后，再次杀入城中。

蒙古军冲进城后，一个院子接着一个院子逐个清剿，而城中百姓也丝毫没有妥协的意思，他们拿着木棍、砍刀与蒙古军战斗。术赤大发雷霆，下令将城中居民全部杀光，不留一个活口。

在城内百姓的负隅顽抗下，蒙古军攻打了 9 天，终于在 1222 年 4 月攻克了这座城池，这次历史上罕见的攻防战以蒙古军的胜利告终。据说，战后每个参战的蒙古士兵都分到 24 个战俘，由他们去处死。如果攻城的蒙古军以 3 万人计，则被杀的玉龙杰赤守军与百

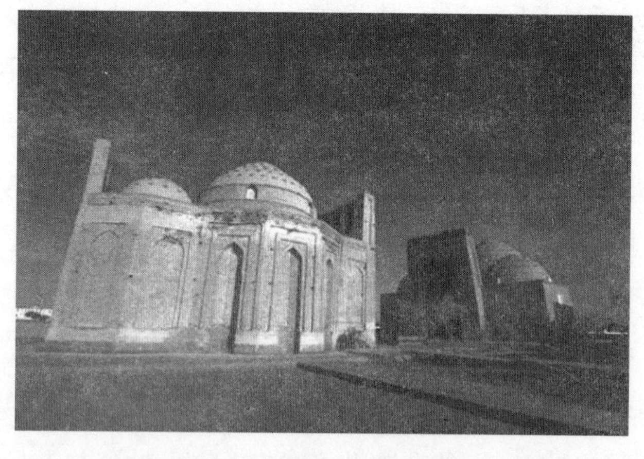

玉龙杰赤（今库尼亚－乌尔根奇）遗址

姓有70余万人，还有10万工匠被遣送到大草原。玉龙杰赤陷落后，蒙古军破坏了阿姆河堤，放水灌城，溺水者甚多，死尸累累，白骨成堆（参见刘屹松著:《成吉思汗全传》，华中科技大学出版社2016年版）。

这一战，3个王爷都抢掠了大量金银财宝，但他们都没有拿出来上交给成吉思汗，或者平均分配给众军将。成吉思汗非常愤怒，3天不见众子，后来在博尔术和众臣子的劝说下才原谅了他们，要他们戴罪立功，引以为戒。

在术赤、察合台攻打玉龙杰赤之初，也就是成吉思汗刚从度夏之地回来之时，速不台就主动请命道："今日我与哲别已经将摩诃末逼死，但我得到情报，篾儿乞的忽都和赤老温藏身钦察之地，对大蒙古国新的疆土有可能产生威胁，我请命进攻钦察，让大汗高枕无忧。"成吉思汗非常高兴，在群臣面前夸奖了他一番，然后回头问耶律楚材："征伐大计，尚在运筹，卿有何卓见，不妨奏陈于朕，可直言之，不必有所忌惮。"这是他对一个契丹臣子讲的最文雅的话。

那段时间，耶律楚材深知成吉思汗正在酝酿下一步的战略，所以他也在反复考虑此事，并已成竹在胸，于是他说："当今天下大势，阿尔泰山以西直至欧罗巴洲，各国自相攻杀，兵力大耗；兼之中亚地区久旱不雨，牲畜死亡枕藉，百姓惶惶不可终日，此乃天赐大汗一统天下之良机。当前西征花剌子模国虽然首当其冲，但周边地区也不可放过。臣以为我军宜集中精锐兵力，分三路长驱而进，一路向西北取钦察及斡罗思（俄罗斯），一路征西取里海和黑海，一路向西南取申河（印度河）波斯。以我常胜勇武之军，对彼分崩离析之众，必将势如破竹，迅如卷席，欧亚大陆指日可下。”

于是，从1220年冬开始，一场横扫欧亚大陆的血腥战争，以哲别、速不台的远征拉开了帷幕。

速不台、哲别率约6万蒙古大军在1220年年底扫荡了伊拉克，击溃了谷儿只（格鲁吉亚）的1万军队，将其歼灭过半。1221年春夏间，速不台3次兵临阿塞拜疆首府，并迫使谷儿只归降，解除了进攻钦察草原的后顾之忧。不过，蒙古军刚走，谷儿只就违约了。这年10月，速不台率蒙古军一路攻城略地，先后攻克阿尔兰重镇拜勒塞城，再次大败谷儿只，歼灭了他的3万兵马，攻掠阿速部等地方势力。

1221年，成吉思汗与拖雷离开撒马尔干，到达那黑沙不的草地和矮树林之后，成吉思汗下令拖雷向呼罗珊进发。一路进军十分顺利的成吉思汗大军来到忒耳迷时却遭到了顽强抵抗，成吉思汗一怒之下，命令近10万大军一鼓作气，拿下了这座城镇，并对当地人进行了大屠杀。

同年夏，呼罗珊城的军民对成吉思汗表示臣服。

在攻打哥疾宁之前，成吉思汗又对巴里黑进行了彻底的清剿，整个城市被毁灭，百姓全部被杀死。之后，蒙古军在呼罗珊地区一路攻杀，经过马鲁城时，拖雷大军将马鲁城团团围住，守城的一支部队企图出城奔逃，但被蒙古军打了回去。面对蒙古军的强攻，马鲁人一筹莫展，城中教长和贵族只得带着金银财宝出城向拖雷投降。拖雷安排好战后事宜后，离开了马鲁城。但他刚走，城中百姓又起来造反，拖雷返回力战，率军在城中大肆烧杀，整个城池几乎被毁灭。

1221 年 4 月，拖雷围攻你沙不儿城，城中教长担心遭到马鲁城一样的命运，主动打开城门表示臣服，但拖雷为了给脱忽察儿报仇，严词拒绝了对方的投诚。在一个晚上，拖雷大军攻进你沙不儿城中，照例对你沙不儿人进行了大规模屠杀。离开你沙不儿城后，拖雷来到也里城，两次遣使者纳降，最后也里城守将投降。拖雷赦免了城中百姓,并留下一个守将。与此同时，成吉思汗也攻克讷思来忒忽城堡。

1221 年春夏之际，蒙古军几乎荡平了呼罗珊地区。这时，成吉思汗的义弟失吉忽秃忽仍在监视札兰丁的行动。成吉思汗命他率 3 万骑兵攻打呼罗珊地区剩下的顽抗者，他自己则率大军去攻打塔里干（今阿富汗东北部塔卢坎）城堡。失吉忽秃忽很快便与札兰丁的十几万大军遭遇，在八鲁弯展开了激烈的战斗。蒙古军寡不敌众，3 万骑兵被歼。这是蒙古军西征以来最大的一次失败。成吉思汗得到消息后，镇定地说："失吉忽秃忽惯于常胜，从来没有受到劣运的考验。此后他应该比较谨慎。"他马上率大军追赶札兰丁，攻克了范延堡，进城后将整个城池毁灭，使范延堡成为一座死城，以后数年都无人敢在城内居住。

几天后，成吉思汗大军与攻克了玉龙杰赤城的察合台、窝阔台军会师，蒙古大部分军队集中在一起，对逃亡的札兰丁形成了巨大的威胁。

刚刚取得一次胜利的札兰丁军中很快就发生了内讧，许多军将因抢夺战利品而争斗不止，最后，古儿部和赛甫丁军队自寻出路去了。队伍分崩离析，札兰丁又陷入孤军奋战的危险境地。面对虎视眈眈的蒙古军，他返回哥疾宁，想越过申河，逃到印度去。成吉思汗得到消息后，率军直奔申河而来。蒙古军以迅雷不及掩耳之势蜂拥到申河两岸，那天早晨札兰丁刚睁开双眼，发现自己已经陷于蒙古大军的包围之中。成吉思汗下令："活捉苏丹！"札兰丁在战场上左右拼杀，最后骑着战马跳进申河，向对岸泅渡而去。

1221 年夏季，成吉思汗把捉拿札兰丁的任务交给几个儿子，自己则到塔里寒（今阿富汗西北部之恰恰克图）凉爽的山中避暑。没两天，他便接到报告，得知札兰丁在继续集结兵力。于是，他下令再次向哥疾宁进军，途中攻占克鲁多安城，费时一个月。拔除这个据点后，他又率军越过兴都库什山脉，进攻帕米扬。在作战中，他的爱孙——察合台的儿子木秃坚不幸中流矢阵亡。在失去爱孙的悲痛之下，成吉思汗燃起了仇恨的怒火，他不戴头盔，亲征帕米扬，把这一带的生物，不论男女鸟兽，一律杀绝，将帕米扬化为无人之境。该城因而被称为毛乌一巴力克（“毛乌”是蒙古语“恶”“被诅咒”之意;“巴力克”是土耳其语“街”之意）。

当时，察合台不在这个地方，等他征伐八鲁弯回来后，成吉思汗不许人将木秃坚的死讯告诉他。当天晚上，成吉思汗和三个儿子一起吃饭，故意对他们生气，责备他们不服从他的命令，说话的时候，他特意看着察合台。察合台心生恐惧，连忙下跪申辩，说自己从来没有违抗过父命。成吉思汗又严厉地问他：“这是实情吗，你真能不违背你所说的话吗？”

察合台扪胸喊道：“如果违背，我宁愿死去！”成吉思汗继续说：“那好吧！我有个不幸的消息要告诉你，你的好儿子木秃坚战死了，我不许你哭。”察合台闻此噩耗，顿觉天昏地暗，但他极力控制自己，像没事一样继续吃饭。吃完饭后，察合台悄悄溜出去，躲到一片林子里，一口气砍断十多棵树，痛哭了一场。

与此同时，札兰丁又回到哥疾宁。听说成吉思汗的追兵来了，他立即择路而逃，在成吉思汗的主力部队来到之前，很快就退却到印度河边，准备在此防守。

1221 年 11 月 24 日，双方展开了最后的决战。在对阵的天日山，双方都各自抢占有利地势。蒙古军的神射手远射击毙了帖木儿蔑里。札兰丁坚持战斗半日，杀得眼红，连马都跑不动了。他见始终无法攻破蒙古军阵势，就跨上另一匹战马，佯装最后突击，趁蒙古军还没有弄清他的真正意图，突然掉转马头，脱掉盔甲，驰向河边，连人带马从河岸直接跳入滔滔河水中。蒙古军将士还想追击，成吉思汗制止了他们。他召集随军而来的诸皇子说："生儿子要生像札兰丁这样的。真正的勇士就应该这样战斗！"他对这位逃亡者称赞不已。这时，蒙古军向跟随札兰丁投河的士兵疯狂地攻击，箭如雨下，河水为之变红。此役，札兰丁的家族成员绝大部分成为俘虏，札兰丁的儿子、亲族和残兵被虐杀，札兰丁所携带的金银财宝尽投河底。成吉思汗并不急于追击札兰丁，而是派人潜水打捞这些财宝。

札兰丁最终逃到河对岸，在会集几百残兵后，继续向南边的德里逃去。成吉思汗又派拖雷与巴拉追击，二将包围了木鲁坦（今巴基斯坦木尔坦），但因暑气逼人，蒙古军不堪忍受，最终撤离。他们一路攻占了木鲁坦、剌火儿（今巴基斯坦拉合尔）、白沙瓦、麦里克布鲁诸地，然后返回哥疾宁，与即将凯旋的蒙古军主力部队会合。札兰丁最终逃之夭夭，无处觅其踪影（参见刘屹松著：《成吉思汗全传》，华中科技大学出版社 2016 年版）。

延伸阅读

成吉思汗与丘处机的交往趣话

成吉思汗有一段与中原名士交往的佳话，那就是他同全真教丘处机道长的往来。

丘处机（1184—1227），字通密，号长春真人，登州（今山东）栖霞人。他在少年时期向全真教祖师王喆学道，悟性颇高，“尸居而柴立，雷动而风行”（元李志常：《长春真人西游记序》），成了著名的道教弟子。

丘处机不但“博物洽闻，于书无所不读”，学识修养过人，而且他潜心修行，练就了一副仙风道骨的形象，成为全真教的实际掌教者。全真教兴起于 12 世纪中叶，是道教的一个支派，以识心见性为宗，要人们祛除情欲、忍耻含垢、安贫守贱。在宋朝领土大面积被金国占领的历史背景下，全真教发展十分迅速。金朝统治者企图利用全真教来麻醉人民，蒙古伐金后，中原战乱增多，更多的人开始皈依全真教以寻求寄托。丘处机掌教时，“全真教徒满天下”，已经成为一股不可小觑的力量。

1219 年，丘处机在山东莱州讲道，金朝和宋朝的使者先后请他出山，都被他婉言谢绝。不久，成吉思汗也派侍臣刘仲禄前来邀请他。刘仲禄带着成吉思汗的诏书和金牌来到莱州，将铸有“如朕亲行，便宜行事”8 个大字金牌交给丘处机，转达成吉思汗的口信说：“哪怕逾越千山万水，不论多久岁月，一定要请你前去教导。”这时，成吉思汗的威名已经远播天下，黄河流域的大部分地区已经落入蒙古人之手。1220 年在其陈请表中丘处机认为成吉思汗“天赐勇智，今古绝伦”，于是答应了成吉思汗的要求，随刘仲禄一同去见成吉思汗。

丘处机一行历经无数周折风险，才到达成吉思汗的西征大营。他于 1220 年 8 月出发，经过燕京（今北京）抵达宣德（今河北宣化），稍事休息后继续前进。这时成吉思汗正向西征伐，丘处机就在后面追赶蒙古大军，从宣德出发，经野狐岭、呼伦湖，沿怯绿连河穿过蒙古高原，沿阿尔泰山—天山山脉一直往西，最后渡过了阿姆河，到达成吉思汗行营。这时已是 1222 年 4 月，从山东启程算起，行程历时 1 年零 6 个月。丘处机年事已高，一路上受了不少风霜之苦，他形容这次西行“千山及万水，不知是何处”。

成吉思汗对丘处机的到来十分高兴，他当即接见了丘处机，并对他不顾年龄已大、跋山涉水的精神表示欣赏。丘处机谦虚地说：“天意如此，我怎么能不奉诏而来呢。”成吉思汗仰慕丘处机的仙风道骨，他喟叹自己年龄尚不及丘处机，却看上去十分衰老，就向丘处机请教长生不老之药。丘处机为人坦率，他委婉地批评成吉思汗说：“大汗征战四方，难道还相信有长生不老之事吗？岂不闻世间只有长生之道，无长生之药。”成吉思汗听了，赞许丘处机的诚笃，称他为神仙，并让他住在汗帐西面的帐幕里。为了表示尊敬，成吉思汗赐丘处机见驾时不用跪拜，只需折身叉手即可。在行营，成吉思汗在忙于军务的同时，多次向丘处机请教有关人生、治理国家、任用人才的道理，丘处机也专门为成吉思汗讲道三次，向他讲述长生之道，清心寡欲，一统天下，不嗜杀人，为治之方，敬天爱民。

成吉思汗接见道教真人丘处机

成吉思汗每次都听得特别认真，他命令太师耶律阿海当译员，书记官将丘处机所有的讲话进行记录。成吉思汗对左右说："神仙三说养生之道，很合我的心思。"

丘处机同成吉思汗在一起生活了半年多的时间，他处处劝解成吉思汗，修身养性、戒绝杀戮。离别前夕，成吉思汗出猎时从马上跌了下来，伤到了肋骨，丘处机于是借机劝告他说："上天有好生之德，你年事已高，宜少出猎。这次出猎坠马，正是上天的戒示，不可不察啊。"成吉思汗说："神仙说得很对。但我们蒙古人自幼就习惯骑射行猎，一下子改不了。"为了报答丘处机的恩情，成吉思汗允准丘处机可以免除赋税。成吉思汗还任命丘处机总管天下道教，他企图利用丘处机在广大道徒中的威望，来加强对中原地区的统治。

1223 年 2 月，丘处机辞别成吉思汗，东返回国。成吉思汗派遣得力将领护送他，一路上基本按照原路返回，仅用了半年就回到了宣德。丘处机多次辞掉金朝和宋朝皇帝的邀请，却以年逾 70 的高龄远去中亚谒见成吉思汗，是有深刻的原因的。在他的一首诗中，我们可以体会出其中深意："十年兵火万民愁，千万中无一二留。去岁幸逢慈诏下，今春须合冒寒游。不辞岭北三千里，仍念山东二百州。穷急漏诛残喘在，早教身命得消忧。"

他看到成吉思汗势力正盛，蒙古军队所向披靡，蒙古必将会兴起，而蒙古军队嗜杀成性，连年征战和杀戮使广大地区生灵涂炭。他想用全真教教义去劝说成吉思汗不要杀人，“以无为之教，化有为之士”，通过自己的影响力，使人们能过太平和安生的日子。丘处机虽然身处空门，对人民的苦难却寄予深刻的同情。作为中原汉族知识分子的精英，正是中国一脉相承的使命感和责任感，使他不远万里去拜见成吉思汗，对他进行道德说教的。丘处机虽然赢得了成吉思汗对他个人的尊重，但他的说教对成吉思汗产生的影响是有限的。个人的力量不可能在短时期内对一个强大的民族产生根本性的影响（参见刘屹松著:《成吉思汗全传》，华中科技大学出版社 2016 年版）。

丘处机自中亚回来之后就长期定居在燕京，这时燕京已成蒙古人统治中原地区的核心。丘处机以“帝者之尊师”，“上以祝皇王之圣寿，下以荐生灵之福田”，派人安抚黎民百姓，成了接受蒙古国保护的宗教领袖。成吉思汗非常重视与丘处机保持的密切关系，时刻派人向他询问有关的事情。世间之事多有巧合，成吉思汗和丘处机竟然都在 1227 年 7 月同月去世，前后相差不过几天。或许，这也是这两位经历迥异的好友的某种缘分吧！

六、英雄落幕，壮志未酬

1. 班师回国

1222 年灭掉花剌子模国后，成吉思汗留在撒马尔干（今乌兹别克斯坦撒马尔罕）过冬，享受着从里海吹来的暖风。他已经有 3 年多没有回大草原的老营了，1223 年春暖花开的时候，他仍然很有兴致地欣赏着阿姆河岸的美丽风景。

一天，一个侍卫来报告说，有人在林子里捉到一只怪兽，非常奇特，让大汗去看看。成吉思汗正在兴头上便跟着侍卫来到草坪上。侍卫把那头怪兽指给他看，原来是一只独角兽。它正在吃草，一见成吉思汗到来，抬头说："大汗回蒙，大汗早日回蒙。”说完，它又只顾去吃草，不再说话，也不理人了。成吉思汗心中诧异，让人好好照看它，然后把耶律楚材和博尔术找来，希望他们能解开自己心中的疑团。

耶律楚材听说怪兽会说话，劝大汗回军，心中已明白了几分。世上哪有会说人话的兽？大汗是想回蒙古了，只是对花剌子模国还有些不舍和不放心，但他又不便挑明，便婉言道：“这独角兽名叫角端，仅见于高加索山一带，能讲多种语言，是真正的瑞兽。它一般不轻易讲话，现在开口讲话了，定是吉祥的征兆。”

相信神灵的成吉思汗说：“是啊，我征伐花剌子模国正是天神的旨意，所以才这样顺利。既然回蒙古去也是神的指示，那我还有什么可担心的呢。”

耶律楚材说：“大汗真的准备回去了吗？大汗此次亲征，历时 3 年有余，跋涉万里之遥，攻城数百，获地上千，乃惊天动地的壮举，这是一代伟业啊！现在帝国江山一统，威震四方，班师凯旋，正当其时。”

成吉思汗听了心中充满喜悦和自豪，笑着对耶律楚材和博尔术说：“你们知道人生在世，什么是最为快乐的事吗？”

心直口快的博尔术说：“在这春暖花开的时节，臂上立着雄鹰，身骑快马，到野外去追猎，亲眼看着一只只猎物死于马前，享受一种猎狩之趣，就是人生第一大乐事。”

成吉思汗听了哈哈大笑道：“兄弟说得对，也不对。我一生中最为快乐的事情就是征服敌手，征服天下！与自己的仇敌生死相搏，将最强悍的对手斩于马前，夺其宝马，掠其财物，亲眼看见仇敌的亲人在我面前哭泣哀求，搂着仇敌的妻妾取乐和安逸地睡觉，这才叫痛快！”

博尔术说：“大汗以征服天下为乐，臣弟的胸怀不及啊！”

至此，成吉思汗做出了一个新的决策：班师回国。

1223 年 4 月，成吉思汗带着他的朝臣、侍从及部分军队向东北方向撤回，而由他手下的几员大将和王子去完成剩下的任务。

回程比出征容易多了，这次他们不必穿越克孜勒库姆沙漠，即传说中的“红沙漠”。成吉思汗的第一站是塔什干以南的察尔赤克河（锡尔河分支）的河谷。在那里，他忠诚的仆从早为他布置好了新的斡耳朵（宫帐、帐殿），使这里看上去像庄严的宫殿。他的宝座是用黄金铸成的，他睡觉的龙床则是用洁白的纯银铸成的。他的小儿子拖雷一直陪伴在他身边，其他几个儿子则负责从占领区为他提供各种猎物。他还打算让长子术赤派军队将他占领的河中地区的动物驱赶到忽兰皇后布置的休整之地——额尔齐斯河畔，这是一个令人难以想象的计划（参见刘屹松著 :《成吉思汗全传》，华中科技大学出版社 2016 年版）。

过了几天，察合台和窝阔台也赶到此地，将傲慢的花剌子模国国母秃儿罕哈敦以及花剌子模的宫眷都带了过来。成吉思汗见这位国母竟然肤如凝脂、细腻柔润，跟那些妾妃一样年轻貌美，便问秃儿罕哈敦多大年岁，得知这位国母已经五十八九岁，他深感惊奇。为了解开这不老之谜，他让这位老妇陪自己睡了一晚。他还决定把这些女眷全部带回蒙古。这些人见要离开自己生活的故土，到遥远的异乡去做俘虏，都号啕大哭起来。

成吉思汗一路游猎，慢慢北归，他并不急于回到自己的大本营去，他现在享受的正是博尔术所说的人生极乐。

1223 年冬，成吉思汗在中西亚各地占领区设置达鲁花赤（镇守官），并委派伊斯兰教商人牙老瓦赤总督中亚一切事务。后来，成吉思汗把占领的花剌子模国分给二儿子察合台，成立了察合台汗国。

1224 年初夏，成吉思汗的部分人马抵达额尔齐斯河。

奉命在这里管理行宫的忽兰皇后迎出 10 里之外，但见胡须皆已雪白的成吉思汗依然精力充沛、精神抖擞，眼睛像猫一样发出锐利的光芒。“臣妾恭迎大汗凯旋。大汗武功盖世，不愧为称雄世界的帝王。”忽兰皇后跪地称颂。“爱妃，你等辛苦了，朕虽在前方征战，但每日都在思念你。”成吉思汗见忽兰皇后跪迎在车旁，赶紧下来亲手挽起她。“臣妾在大汗面前哪敢言辛苦，大汗每日阵前厮杀，亲冒矢石，那才叫辛苦呢。前段时间听东返的长春真人言及大汗狩猎坠马，贱妾夜夜祈拜，求长生天保佑大汗平安。”成吉思汗微微一笑，说：“这点小事倒传得蛮快，让爱妃操心了。”

宴会开始了，忽兰皇后命人搬出一坛酒，她亲自打开，为成吉思汗斟上一银碗，说道：“这是臣妾亲手酿造的美酒，大汗鞍马劳顿，请饮上三碗以解疲困。”成吉思汗接过碗，饮了一大口，忽觉神清气爽，全身似充满力量，且此酒入口甘甜，奶香浓郁，回味无穷……他连连赞道：“好酒，好酒！”将碗中的酒一饮而尽。

连喝几碗后，成吉思汗问道：“爱妃，这是什么酒，怎么特别香醇？”“此乃奶中之酒，是臣妾无意中酿成的。”面对成吉思汗疑惑的目光，忽兰皇后解释道，“那天一大早，臣妾正在做酸奶，沸腾的锅里冒出了许多蒸汽，蒸汽附着在锅盖上变成了水珠，恰好流到了旁边的碗里，臣妾只闻着有股香甜的奶味，便尝了尝，入口才知道它甘甜怡人、奶香溢口，喝后竟似神仙般自在。臣妾这才发现这是一种神奇的奶酒，若将士们都喝上此酒，肯定身体更胜以前。于是，臣妾就命侍女们专门酿制这种奶酒。”成吉思汗高兴地夸赞道："爱妃不仅淑慧贤德，还体恤士卒，将士们喝了你酿的奶酒后，肯定会神勇无敌。以后就将此酒列为御酒，专供上战场的儿郎们喝！"

翌日，登上得仁山点将台，成吉思汗不禁感慨万千。他想起苦难的童年、创业的艰辛、征战的血雨，如今功成名就，自己却垂垂老矣……"4 年前朕就是在此点兵布阵，操练杀敌的本领，没有当初的苦练精兵，哪来今天的胜利班师东归呢。神圣的大草原赋予了蒙古人力量，长生天永远为他的儿子们感到骄傲，我们用胜利来祭奠你。”为了纪念这次西征凯旋，他打算仿照花剌子模王宫的样子在附近建造一座世界上最大的宫殿。但他转念一想，西征刚刚结束，被征服的广大地区还没有完全安定下来，许多地区田野荒芜，百姓生活困苦，此时若置百姓和国家于不顾，而去大兴土木，建造华丽的宫殿，是最不明智之举。但他想以此来试探大臣和将士们的想法（参见张云飞编著：《天命大汗成吉思汗》，内蒙古人民出版社 2009 年版）。

随后，成吉思汗召开一次非正式的政务会议，要诸王爷、大臣及全军将领都来赴会，就建造宫殿之事发表意见。结果会上一片赞颂之声，大家都认为要打造一座人世间最美丽的宫殿，以显示蒙古人的气魄，纪念蒙古大军征服西域的伟大功绩。

成吉思汗见臣下众口一词，个个得意忘形，心里非常不满。他让众人散去，只留下耶律楚材，问道："今天会上，众人的建议怎么那么一致，这令我很不理解，我大蒙古帝国十分缺少有远见卓识的大器之才啊。"

耶律楚材想了想说："大汗帐下谋臣如云，猛将如雨，怎能说没有大器之才呢？只不过人随时势而变罢了。"成吉思汗听了感叹道："是啊，朕最初的目标只是报父仇，光大我乞颜部族；称汗之后，我的想法又变了，想要一统草原；这个目标达成后，又想征服西域，扩大疆土……人心为什么总是不满足呢？"

"这个问题解释起来很简单，时势改变人，左右着我们的心。人们的想法就跟无形的水一样，把它装在什么样的器具里，它就会变成什么形状。"耶律楚材笑道。

"那我如何才能掌控别人的思想呢？"成吉思汗又问。

耶律楚材回道："那就要看大汗提供一个什么形状的器具了。"

成吉思汗点点头，陷入了沉思，开始考虑如何管理一个庞大的国家。

此后，成吉思汗又带领大军从事大规模的围猎活动。他在塔拉斯河和楚河的草原度过了 1223 年的夏天，又在也儿的石河上度过了 1224 年的夏天。

一天，铁木哥派来一位信使，给成吉思汗送来一封信，他在信中非常委婉地说："苍鹰已经将自己的巢穴建立于大树之巅，但是鹰如果长久滞留于远方，难保卑贱的麻雀不会趁机占据巢穴，威胁鹰的后代。"铁木哥显然在暗示成吉思汗应早日返回蒙古大本营，因为那边的局势已经比较严峻了。在中原，自木华黎去世后，金国人再次燃起了重夺黄河以北土地的烽烟；在辽东，曾为金国武将的完颜万奴改姓蒲鲜，据地称王，窥伺着蒙古草原；曾经拒绝出兵共伐花剌子模的西夏又与金国结盟……一想到这个用傲慢的口吻拒绝自己的小国家，成吉思汗就不由得怒火中烧。他决定这次回去后，要用最残酷的手段彻底消灭这个国家，让所有敢于反对自己的敌人都胆战心惊，彻底征服一切可能给蒙古帝国带来威胁的对手。

成吉思汗让使者回去复信，使者临走的时候，成吉思汗突然觉得有必要知道大皇后孛儿帖对他长久不归的看法，是否对他生出了不满情绪，于是嘱咐使者代为试探，并尽快回复。使者接受了这一特殊任务后，迅速沿着驿道飞驰而去，两三天时间就回到了位于图拉河畔的大斡耳朵。孛儿帖得知成吉思汗的口信后，立即明白了他的心思，于是另派一名信使带着 11 岁的忽必烈和 9 岁的旭烈兀去迎接他。这两个小家伙都是拖雷的儿子，也是孙儿辈中最受成吉思汗喜爱的两个。

他们在叶密立河边与成吉思汗的大军相会了。使者将孛儿帖的话一字不落地复述了一遍："在那湖岸青翠的湖泊，野鸭和天鹅多不胜数，湖泊的主人可以随意捕猎；如今天下已归于一统，年轻美貌的女子与妇人同样多不胜数，作为主子的您自然有权自由挑选，如果看上了谁就请自便吧，另纳新妇和给未被驯服的骏马备鞍都是天经地义的事情。"孛儿帖颇有胸怀，毫无怨言，不愧为皇后之首。

就这样，在1225年的春天，成吉思汗返回蒙古大草原，抵达图拉河旁边的大斡耳朵。到这时，他离开这里已经整整6年了。

在哲别和速不台远征时，成吉思汗正逐步从突厥斯坦向蒙古回撤，于1225年秋回到了库伦地区土拉河流域。

现在，蒙古帝国的统治范围已扩大到从撒马尔罕至北京的广大地区。成吉思汗又委派忠实可靠的将领前往征服那些仍在做最后抵抗的花剌子模人和金国人。创业初期历尽磨难的成吉思汗现在可以对他的事业高枕无忧了。他虽只58岁，但已可以考虑度过一段相对放松的日子了。一天，成吉思汗面对绿草新生的草地，一种奇怪的忧郁突然罩上了他的心头，心里有一种需要平静生活的无法解释的欲望。成吉思汗面对这片草地说："此地风景甚美，真乃乐业百姓盛会之处，鹿奔跑之地，老者休息之所啊。”

实际上，成吉思汗的休息和放松的方式首先是打猎、竞技，当然还有豪饮。

蒙古人的宴会，酒是必不可少的，这也是人们的一大兴趣。虽然成吉思汗曾说过，饮酒也应该合乎礼仪，每月只醉三次，最好是两次或一次，但是在蒙古草原上人们向来是不醉不归的。

成吉思汗在战争中杀人如麻，性格坚毅；但如若深窥他的内心，也可以看到他的善良、朴实，虽然这两种性格是截然相反的，却真实反映在他一个人身上。甚至他还会表现出人格高尚和谦恭的一面。

成吉思汗曾帮助契丹人耶律留哥在辽东地区建立了一个小公国。1220 年耶律留哥去世，成吉思汗那时正在西征花剌子模。耶律留哥的遗孀便征得蒙古亲王、

蒙古宴会

成吉思汗之弟斡赤斤（斡赤斤在成吉思汗出征花剌子模期间负责主持蒙古国政）的同意，亲自摄政。成吉思汗远征回来后，这位遗孀便携其子前往蒙古觐见。在成吉思汗的营帐内，她按照礼节施跪拜礼，成吉思汗热情地接待了她，并为她把盏（这是她得到的最令人羡慕的荣誉）。她恳请成吉思汗让耶律留哥的长子继承王位，这个年轻人刚跟随成吉思汗完成西征花剌子模的战争，表现很好，成吉思汗对他很满意，便同意了这个请求。临行时，成吉思汗还赐予这位遗孀 9 名中原俘虏、9 匹骏马、9 块金条、9 匹丝绸和 9 盒珍贵的首饰（对蒙古人来说，9 是吉数），并嘉奖了耶律留哥的长子——这位年轻忠勇的契丹王子。

对于汪古部，成吉思汗也同样给予了支持。汪古部的继承人才刚满 17 岁，也曾随成吉思汗远征花剌子模。回到蒙古后，成吉思汗将亲女阿剌孩别乞许配给他。夫妻两人很是恩爱，他们在先辈传下来的领地上和睦地统治着汪古族。阿剌孩别乞一生没有生育，但她心地善良，抚养了丈夫与其他妻妾所生的孩子，教给他们治理国家的道理。这些孩子长大后，又娶了成吉思汗家的公主，两家的姻亲关系一直持续着（参见张云飞编著 :《天命大汗 成吉思汗》，内蒙古人民出版社 2009 年版）。

2. 稳定中原

成吉思汗开始西征前，就将对金朝的战争全权交给了大将木华黎，木华黎也一直不负所望地进行着征服中原的计划。成吉思汗封他为国王，以方便他号令中原百姓。木华黎虽不重视官职,跟部将相处十分随意，但每当有附庸国派来的军队时，他总会拿出应有的威信去管理这些来自不同地域的将士。木华黎是个沉着冷静、足智多谋的人，但他从不骄傲自大，并且不会放弃听取任何好的意见的机会。一次，一位归顺蒙古的金国大将史天倪向他指出，蒙军每攻取一地就会进行野蛮的抢劫杀戮，这样做与蒙古征服中原的计划背道而驰，因为百姓可能一时因为残暴威胁而臣服，但是内心却没有真正臣服。木华黎听到这些直言，不但没生气反而觉得非常有道理，于是下令禁止城内蒙古军抢劫杀戮，并释放俘虏，还在这方面制定了严格的纪律。这种做法，为他征服中原造就了很大优势。

不仅如此，木华黎还将蒙古的作战方式做了改变。之前蒙古兵进犯一城后，抢掠一番就离去，随即金军就将失地收回。木华黎开始实际占有攻陷的城池，为此他起用了很多来归顺的中原汉人、女真甚至契丹人，让他们各据一城，还可以为蒙古军提供军械物资等。在这方面，降蒙的几个金国将领给予木华黎很大帮助，他们还说服了几个金将投入木华黎麾下。

蒙古军曾为了夺取北京城，与金兵交战了 5 年时间，直至金朝迁都才攻陷了北京及周边区域。金朝迁都开封后，雄据黄河天险，更加难攻。1217—1223 年，木华黎虽然逐步将金军逼到了黄河以南，但也付出了十分沉重的代价。蒙古军攻陷一座州府后，兵力一撤，金军便又马上收复，蒙古军又要返回重新攻城，如此反复多次，才将金军势力控制在黄河以南。早在 1217 年的时候，木华黎就首次率军攻陷了华北大平原前哨重镇大明府（今河北省南部），不久后又被金军收复，木华黎不得不于 1220 年再次攻城。1218 年，木华黎第二次攻陷陕西省各城府。1223 年，木华黎围攻陕西首府长安（今西安）失败。1223 年，木华黎攻取了山西西南角、黄河拐弯处之重镇蒲州(又曰河中府)。不久后，木华黎病逝军中。

开封虽然依仗着黄河天险防守坚固，看似难以攻克，但是金宣宗完颜珣还是没有信心。于是，1220 年 8 月，金宣宗派遣了一位使臣，向成吉思汗议和。由于成吉思汗正在阿富汗的战场上，金国使臣于 1221 年秋天才经伊犁河谷到达成吉思汗的大帐。听到使臣的议和要求及条件后，成吉思汗对使臣说："早先，朕已告知你主，令其在黄河以南称王，将黄河以北让予朕。此乃当时朕同意停止敌对之条件。而今木华黎已征服朕所需之地，你等方不得已而求和。”

金使见成吉思汗态度强硬，只好苦苦请求，望其体恤金王怜悯百姓之心，成吉思汗又说道：“念你远道来此，朕宽恕汝本人之过。朕意已决：今黄河以北已悉为朕所有。然汝主尚据有潼关（陕西境内）数镇，可传语汝主，交出上述数镇。方可言和！”

金使无奈地返回，将成吉思汗的条件一一禀报给金宣宗。宣宗同大臣廷议后，拒绝了这个议和条件。1223 年 12 月，金宣宗在内外交困中抑郁而死，其第三子完颜守绪继位，是为金哀宗。因为潼关一带是河南西侧的要塞，是进入开封的大门钥匙，成吉思汗索取潼关的最终目标还是开封。虽然成吉思汗的野心已昭然天下，但是金哀宗还是不死心，此后多次派遣使臣向成吉思汗称臣、示忠心，一直到 1227 年成吉思汗去世才作罢。

蒙古军在中原遭到顽强的抵御，战事进行缓慢。成吉思汗正忧心忡忡时，又发生了西夏叛离蒙古的事，这令他愤怒不已。

西夏是党项人在中国西北地区建立的国家，党项人蒙语译为唐兀人。唐兀人是一个部分汉化的民族，使用汉族礼节，文字也是根据汉字创造出来的。他们在近两个世纪的时间里统治着甘肃省及鄂尔多斯和贺兰山草原。成吉思汗多次入侵西夏，西夏被迫于 1209

年向其称臣，成为蒙古的附属国。1219 年，成吉思汗西征花剌子模至苏丹时，曾向西夏王发出出兵命令："你曾答应为朕之右手。今朕与撒北塔—兀勒(指花剌子模)关系已破裂,朕将征讨之。你应为朕之右手而行！"(《元朝秘史》译文)

作为蒙古的附属国，西夏本该听从成吉思汗的命令发兵出征，但当时西夏内廷发生了政变，唐兀王似乎已被一位叫"阿沙敢不"的大臣控制。阿沙敢不非常憎恨蒙古人，当蒙古使节来到西夏传达命令时，阿沙敢不就以傲慢的态度回复了使节，他说："成吉思汗既无足够之力量从事其欲行之征战，何以称汗？"

可以想见，成吉思汗对这样的回复难以容忍，这深深伤害了他的自尊心，但是西征花剌子模的计划不可改变，对西夏的这种做法，成吉思汗只能做暂时的忍耐,将其放到西征完毕之后再行处罚（参见刘屹松著：《成吉思汗全传》，华中科技大学出版社 2016 年版）。

3. 灭夏亡金

成吉思汗的西征大军归来后，休养了一个夏季。1225 年秋，蒙古军就开始为征讨西夏做准备。西夏虽早在十几年前就臣服于蒙古，但后来主战派占据上风，尤其是献宗李德旺即位后便与金朝结盟，相约共同抗击蒙古。此时，西夏经过了多次宫廷政变及战争，国内经济严重破坏，人民生活困难，军队衰弱，在蒙古军西征花剌子模和入侵中原期间才得以苟延残喘。成吉思汗对西夏的征讨，不只是因为其拒不出兵西征，还因为“欲亡金朝，必先灭亡西夏”的战略指导。蒙古军休整了一年后，于 1226 年春天向西夏进军。

成吉思汗将次子察合台留在蒙古草原镇守，带三子窝阔台、幼子拖雷（其时长子术赤已死）出征。征途中遇到一群野马，成吉思汗下令围猎，野马受惊四处奔袭而逃，成吉思汗的马也因受惊跳起，将他甩落在地上。成吉思汗受伤严重，夜晚便发起高烧。这是成吉思汗第二次坠马，而且这次对他身体的伤害极大。部下劝他先回师休养，日后再讨伐西夏，成吉思汗坚决不肯，他说：“如果因为我受伤而撤军，西夏肯定以为我们心生畏怯。我暂且在这里休养数日，派人先去西夏问责，看他们如何回复后再做打算。”

蒙古使节来到西夏国，面对献宗传达了成吉思汗的口谕：“你以前说过要做我们的右手，为此我们在征伐花剌子模时要你出兵协助，可是你不但不出兵，反而说下大话来讥笑。当时我们决定去征伐他处，（对西夏的问题）留待回来再说。现在我们已经征服了花剌子模，和你算账来了！”献宗说：“我从未说过讥笑的话！”这时，大臣阿沙敢不站了出来，毫不胆怯地说：

"讥笑的话是我说的。你们蒙古要来打的话，就去我的地盘——贺兰山，我们在那里一决高下；若是你们想要掠夺金银绢帛的话，可以到宁夏、西凉来取！"使者带着阿沙敢不的话回到了军营，成吉思汗得到西夏如此傲慢的回答，激动地对部下说："你们看，西夏竟敢说这样的大话，让我怎能回兵呢？我就是死了，也不允许他们说这样的话！"于是他不顾身体还在发烧，下令立即进军西夏。

成吉思汗兵分三路进攻。由忽都铁穆儿、昔里钤部（西夏人）出兵沙州（今甘肃敦煌北），沙洲守将诈降，将蒙古军引入城中以牛羊酒食犒劳，在周围布满伏兵。

西夏武士铠甲

忽都铁穆儿中计，幸亏昔里钤部拼死作战才得以逃脱。后来忽都铁穆儿率蒙古军攻入，大败西夏军，攻陷沙洲。随后，蒙古军至肃州（今甘肃酒泉），肃州守将是昔里钤部的兄长，他害怕蒙古军破城后杀害其家人，于是向忽都铁穆儿乞降，但是城内的百姓不愿意投降，同蒙古军僵持着。成吉思汗对肃州久攻不下很是生气，下令城破后“尽屠之”。蒙古军攻入肃州城，城内军民除了昔里钤部的亲族106户之外，均被杀害。

第二路蒙古军进攻甘州（今甘肃张掖）。甘州守将曲也怯律的儿子察罕早已归顺蒙古，此次察罕随蒙古军前来招降。到达甘州城下后，察罕将诏书绑在箭上射入城中，并要求见他的幼弟，同时派遣使者入城劝降民众。使者入城后，被守城的副将阿绰等36人抓捕，并连同曲也怯律父子一起杀害了。蒙古军得知招降失败，一举攻入城中，甘州随即被占领。

第三路军是由成吉思汗亲自率领的中军，横扫西夏各地。2月，蒙古军取得西夏重镇黑水城（今内蒙古额济纳旗达来呼布镇），然后直奔贺兰山阿沙敢不的军营，大败其军，将其抓获，把他的军帐和百姓“像尘土似的消灭了”。接着，蒙古军攻入西凉府（今甘肃武威），守将力屈投降，西凉附近各县均被扫掠一空。后进入黄河九渡，取应里（今宁夏中卫）等县。

西夏都城内，一座座城池被攻陷的消息传来，朝廷上下一片混乱，献宗李德旺在惶恐中死去，其侄李晛继承王位。蒙古军于11月攻入灵州（今宁夏灵武西南），直逼都城。李晛派嵬名令公率军10万前去支援，与蒙古军拼死抗战。冬天里的黄河结了厚厚的冰层，两军就在黄河之上对战。成吉思汗令将士们对着西夏军的脚放箭，让他们难以在冰面上站立。西夏军终究抵不过凶狠的蒙古骑兵，一个个如迎霜草般倒下，被杀士兵是蒙古军的 10 倍，最终大败。攻陷灵州后，成吉思汗随即围困了都城中兴府（今银川）。此时，都城内已无兵力可以守城，朝臣或选择战死，或选择投降。

西夏到了此时已无丁点反击之力，成吉思汗只留下一支军队守住中兴府，自己则率中军南下入金。此时已经到了 1227 年春天，蒙古军陆续攻克了临洮府（今甘肃临洮）、洮（今甘肃临潭）、河（今甘肃抱罕）、西宁（今青海西宁）、德顺（今甘肃隆德）等州。阴历四月，驻扎于六盘山（今宁夏固原西）。阴历六月，至清水县（今甘肃清水）避暑。其间，成吉思汗派察罕向西夏皇帝李晛传旨招降。李晛被围困中兴府半年，已无粮草；城中还爆发了瘟疫，军民死伤无数；偏巧又发生了地震，城中房屋倒塌，受灾严重。内外交困的处境迫使李晛投降，但他请求宽限一个月以便安置民众、准备贡物。成吉思汗因在病中，就暂且答应了他的条件（参见朱清泽著：《中国历代名将丛书·成吉思汗》，军事科学出版社 1992 年版）。

至此，西夏实际上已经等于灭亡了。

成吉思汗在清水县避暑期间，休整部队，精心策划灭金的军事大计。

首先，成吉思汗考察了蒙金战争的新形势。他了解到金国在近 10 年内发生了诸多变化。金宣宗完颜珣完全被术虎高琪所操控，由于金国受到勇猛的蒙古军的掠夺，术虎高琪转而向南宋宣战以弥补在蒙金战争中所受的损失。结果劳民伤财，国力更弱，两国矛盾更是被激化，使得南宋向蒙古靠拢。金朝作茧自缚，使自己陷入腹背受敌的危险境地。1224 年，金哀宗完颜守绪继位后，为了集中兵力对付蒙古，主动停止了对南宋的进攻，并重新部署兵力，将 10 万人的主力军队驻于潼关附近，沿黄河 2000 余里派驻 20 万大军分守四段。目前成吉思汗所面对的金国就是这样一种情形。随后，成吉思汗又考察了南宋与金国的关系。金朝于建国后的第二年，即 1126 年开始一直对宋朝进行欺压。1127 年，金国灭北宋。后来南宋建立，迁至中国南部，又屡遭金军攻打，并先后于 1141 年、1164 年、1208 年被迫与金国订立了“绍兴和议”“隆兴和议”“嘉定和议”等协议，金国通过这些协议强占了南宋的 6 个州，且将南宋纳贡的岁币由每年 20 万增至每年 30 万，并强制南宋称金国为伯父。蒙古向金国发动战争后，金国内政混乱，南宋趁机停止了纳贡，对金国的态度也渐渐强势起来。南宋自建立以来，每次对金的战争都以失败告终，而在 1217—1224 年的宋金战争中却屡屡取胜，原因就是南宋有蒙古军这个不结盟的盟军，形成了对金国的夹击之势，才有机会战胜金兵。

最后成吉思汗还考察了一番南宋与蒙古的关系。两国本就不相邻，无从属关系，也无外交，而且还隔着金、西夏两国。随着蒙古对金作战的深入，蒙古和南宋两国成为可以互相借力的不结盟的盟友。出于灭金的共同目的，这两国在对金战争上达成了默契。1221年，成吉思汗正在花剌子模指挥作战，南宋西域使者苟梦玉前来朝见，成吉思汗亲自接见了他，并与他在共同抗金的问题上达成了共识。1223 年，苟梦玉第二次出使西域，成吉思汗再次接见，这次两人进行了密谈。史料对二人密谈内容未加记载，但通过此后两人的言行举止，可以分析出大概有两方面内容:第一，蒙、宋两国视金国为共同的敌人，两国视彼此为同盟国；第二，蒙、宋两国联合抗金。

蒙、宋的战略联盟关系是建立在共同打击金国的基础上的，但其实两国有着许多根本性的利益冲突，所以又存在互相对抗的一面。因此，蒙、宋的关系也时好时坏。

1227 年春，成吉思汗曾派出一支游骑偏师深入南宋，以探查绕道南宋攻取金国的路线。这支游骑到达利州路（今四川北部、陕西南部及甘肃东南部一带），劫掠了“五州”——阶州（今甘肃武都县东)、成州（今甘肃成县）、西和州（今甘肃西和县西）、凤州（今陕西凤县东）、天水州（今甘肃天水西南）。通过此次的探索，成吉思汗对从后侧包抄金国都城南京（今河南开封）的路线有了清晰的认识，接下来他就要筹谋向南宋借道以及联合南宋共同攻打南京的办法了。

在深入考察了宋、金两国关系后，在成吉思汗大脑中逐渐形成了一个联宋灭金的大迂回、大包围战略：利用宋、金两国的世仇联合南宋，然后借道南宋境内，从后侧包围南京，联宋灭金。很不幸，成吉思汗没有亲自实施这个计划，便一病不起。时值酷热天气，65岁的成吉思汗新病旧伤，高烧不退。他自知命不久矣，便留下三条著名的遗嘱，最后一条便是联宋伐金。

他口述的伐金战略，大致可分为两部分：

第一部分是对蒙、金两国的战争形势分析，他指出金军主力仍有数十万，且关隘、要冲众多，蒙古骑兵短时间内恐难取胜；

第二部分就是对联合南宋、迂回作战战略计划的详细阐述。

成吉思汗的这一战略计划于1231年春天开始实施，由窝阔台、拖雷指挥，将蒙古军分成三路：东路指向山东济南，牵制金军；中路由窝阔台率领，从白坡（今河南孟县）南渡黄河，正面进攻西夏南京；西路系三路之主力，由拖雷率领，从宝鸡南下，绕道南宋境，经川北、陕南进入河南，包围南京。1232年年初，金军在三峰山大战中损失精兵15万，将帅两名；秋，郑州大战，金军主力军损失 10 万。这两次大战使得金军主力尽失，金哀宗撤离南京，逃往蔡州（今河南汝南）。1234 年年初，蒙、宋两军联合攻破蔡州，金哀宗被迫自杀。自此，金国灭亡。成吉思汗的遗嘱得以实现，这场由成吉思汗发起的历时 24 年的灭金战争，终于以胜利告终。

成吉思汗的遗嘱中还有一条就是彻底消灭唐兀人。虽然在他生前蒙古军正在攻陷西夏都城，西夏王也答应了受降，但是他依旧不满足。他将自己生命终结的原因全都归咎于唐兀人（当时属北方少数民族西羌族的一支）。在他看来，是唐兀人的不忠迫使他不得不带病亲征，在生命即将到达终点时，更加觉得这种行为不可饶恕，只有将唐兀人全部斩杀殆尽才可解他的仇恨。于是他在遗嘱中说:他死后，要将唐兀人全部消灭，作为他死后遗体前的祭品。成吉思汗还留下遗命："每饭则应告朕：唐兀人已被殄灭无遗矣！大汗已殄灭其种矣！"(《蒙古秘史》)

不过，成吉思汗以整个西夏国为自己的陪葬的遗嘱并没有得到彻底的执行，因为陪成吉思汗最后一次远征的也遂妃得到了很多唐兀人作为赏赐，这些唐兀人成为她的奴隶，也因此保留了性命。

征服周边各国为后来元朝统一全国的少数民族奠定了基础。

4. 含恨离世

1227 年 7 月初，成吉思汗病情加重。为了解除死后之忧，他除了口述灭金战略之外，还想到了接汗位继嗣之事。这后一件事，已经争执了若干年。早在西征前，成吉思汗在夫人也遂的提醒下提起过继嗣之事，并决定由三子窝阔台继汗位。

西征中，术赤、察合台在玉龙杰赤前线，也曾发生矛盾，当时成吉思汗改命窝阔台为帅，又暂时平息了一场风波。眼下，成吉思汗躺在病床上，对汗位继嗣之事又不安起来。他决心在自己活着的时候，把它彻底了结，于是急召窝阔台、拖雷及各妃所生诸子（此时，术赤已死，察合台在外地）进行密谈。他屏退左右，当面交代说："我的病已经到了不能救治的程度了，距离离开不远了。仰仗上天的帮助，我为你们建立了一个广大的帝国。如果你们想要保证这个帝国不至于分解，必须同心协力抵御敌人，一心为你们的朋友和你们自己增加财富与权势。你们当中只能有一个继承汗位，我再次申明，由窝阔台来继承，不得违抗我的遗命。"又说，"如果我的儿子们个个都想当大汗，岂不是变成我常讲的故事中的多头蛇一样吗？"

在往日，成吉思汗为了促使儿子们同心御敌、不闹纠纷，经常给他们讲述多头蛇的故事。这个故事说：

到了寒冷的冬季，蛇就会钻到洞里冬眠。有一条多头蛇也想钻进洞去，可是它有好几个头，每个头都想第一个进洞，你争我抢，哪个都不肯让步，最后这条多头蛇冻死在了洞口，而其他只有一个头的蛇都顺利地钻进了洞里，安全地过了冬（参见朱清泽著：《中国历代名将丛书·成吉思汗》，军事科学出版社 1992 年版）。

现在病危中的成吉思汗，又想起了这个寓意深长的故事，并再三提醒儿子们可不要学多头蛇，把一个来之不易的大帝国白白地给葬送掉。

窝阔台与拖雷听到父亲的遗言后，一起跪下说：“我们俯首听从您的命令和吩咐。”

成吉思汗说：“既然这样，你们的口比着你们的心，言行一致，你们必须立下文书。现在察合台不在身边，你们也要传我的话，叫他不生叛乱之心。”

成吉思汗又说：“我不愿意死在家里，我要为了名声和荣誉走出去。”最后叮嘱说：“我死后，你们不要为我发丧、举哀，好叫敌人不知我死去。”（孙友亮编著：《名人死亡档案》，青岛出版社 2006 年版）

成吉思汗的这道遗嘱，解决了汗位继承和葬礼的问题。

1227 年 8 月，成吉思汗在甘肃六盘山下的清水县病逝，终年 65 岁。

成吉思汗逝世

成吉思汗死后，他的儿子和部下遵其遗嘱，为他举行了葬礼。这个葬礼非常独特，我们可以从以下四个方面来了解：

第一，秘而不宣。考虑到当时西夏正在受降，金国正在与蒙古对峙，南宋也观望着蒙古的动态发展，蒙古军正在筹划及等待着更新、更大的战争和胜利，成吉思汗生前就下达了秘不发丧的命令，以免对蒙古的军事行动和内部稳定造成影响。不得不说成吉思汗的明智为他的儿子和蒙古国避免了可能出现的危机。他死后，他的儿子和诸将将他的遗体装入灵柩送回蒙古，并将沿途遇到的所有人都杀死，以免泄露消息。

第二，丧期长达3个多月。成吉思汗的灵柩抵达克鲁伦河畔后，陆续陈柩于各位皇后的斡儿朵（宫账或宫殿）中。因为蒙古国地域宽广，诸位宗王、公主、统将在接到使者的报告后，纷纷赶回克鲁伦河畔，道远者需要3个月，故而丧期一直进行了3个多月。

第三，为成吉思汗唱颂歌。当成吉思汗的灵柩离开斡儿朵时，一名蒙古歌手带头唱起了挽歌，歌词大意如下：

> 您成为遮天盖日的鹰羽，飞去了啊，我们的圣主！
> 大车荷载着你的灵车缓行，我们的君主！
> 您的蒙古亲族们，在遥远的地方痛哭，可亲的国主！
> 您的伟大国土故乡，都在等待您，我们的君主！
> ……

送灵过程中还有过一段插曲：传说人们把成吉思汗的灵柩放进马车，准备送往蒙古草原的故乡安葬。灵车出发后，一位名叫客列古台的将领一面随车而行，一面呜咽地呼唤死者，灵车在全军的悲恸声中缓缓前行。经过一片草原时，灵车突然陷入泥泞，众将士用马拉、用手推，但灵车却丝毫不动。这时，客列古台想起了成吉思汗生前曾留恋此地，便对着天空呼唤起成吉思汗的英灵，当他的招魂词念完时灵车又开始启动了，送灵队伍继续向前行驶。

第四，没有陵墓的葬地。成吉思汗的丧礼完毕之后，人们依照他生前指定的地点埋葬了他。按照蒙古人土葬的习俗，人们在入葬地点挖出一个深坑，将成吉思汗的遗体埋入，再以群马踏平，方圆数十里内派兵守护，禁止所有人靠近，直到这片土地新长出的草与周围无异，才撤掉警戒。成吉思汗的葬地据说是位于斡难河、克鲁伦河、土剌河三河发源地不儿罕山的起辇谷，具体地点难寻，又无陵墓，至今难寻其踪迹（参见朱清泽著：《中国历代名将丛书·成吉思汗》，军事科学出版社 1992 年版）。

正是因为这些争议，后人开始了精彩演绎，人们做了这样一个假设：他在伊金霍洛（马鞭失落处）说的话便是遗言。成吉思汗的话不能违背，他的儿子和将领据此决定将他葬在伊金霍洛和萨里川。他们先在伊金霍洛葬其衣冠。据说，灵车路经伊金霍洛时，发生了一件很奇怪的事情：萧瑟秋风再临大地，蒙古草原满目荒夷。天地低昂，万物齐喑，风不吹，云生愁，阳光失去色彩，百鸟不再吟唱。一切的一切被无边的哀思笼罩。忽然，遥远的天边出现了一支队伍，他们身穿丧服，护卫着中间的灵车，郁郁而行。他们知道，灵车上的棺椁中装殓着一位伟人的遗体。这位逝去的盖世英雄正是他们心中至高无上的神圣君主——成吉思汗。走到伊金霍洛时，灵车突然深陷泥潭之中，用 5 匹马拉仍纹丝不动。大家决定在此建陵园。那里有 8 个白色的蒙古包，被蒙古族视为全民族的圣迹，称为“八白室”。留下卫队中的500户在此专门侍奉，称作“达尔扈特”。

据说，位于鄂尔多斯市伊金霍洛草原的成吉思汗陵，是由窝阔台为其建造的陵墓四白室（4座白色的毡帐）演变来的，而“达尔扈特队”的后裔也一直忠心耿耿地守护着汗陵。

成吉思汗陵不只是成吉思汗的衣冠冢，也是世界公认的成吉思汗陵墓。这里虽然没有安葬成吉思汗的骸骨，但却栖息着他的灵魂，以前的蒙古人有只祭灵魂不祭尸骨的习俗，所以这座汗陵在蒙古人心中拥有极为崇高、神圣的地位，而在达尔扈特人的看护下，成吉思汗陵完好地保存了下来。

成吉思汗陵

不过，一个离成吉思汗时代不太远的外国人马可·波罗经过实地考察，在《马可·波罗游记》中写道："可汗或汗的称号，等于我们语言中的皇帝。一切鞑靼人的大汗和成吉思汗——他们的第一个主人死后，按例应葬在一座名叫阿尔泰的山中，无论他们死在什么地方，哪怕相距 100 天的路程，也要把他的灵柩运送到阿尔泰山去。在把君主的灵柩运往阿尔泰山途中，护送的人要将遇到的所有人作为殉葬者。"

数百年来，人们一直想找到成吉思汗的真实墓地所在，但由于元朝的墓葬制度是不立标、不公布、不记录的，而且不允许外族人参加，所以直到现在为止关于成吉思汗墓地的说法都只是推测而已。

不管怎样，作为历史上最伟大的政治家和军事家之一，成吉思汗在政治和军事上的辉煌成就，在 20 世纪之前，很少有人能跟他媲美。他为自己的子孙留下了宝贵的遗产（参见刘屹松著：《成吉思汗全传》，华中科技大学出版社 2016 年版）。

1265 年，元世祖忽必烈追尊成吉思汗为太祖。1266 年，太庙建成，制尊谥庙号，元世祖追尊成吉思汗谥号为圣武皇帝。1271 年，忽必烈将国号"大蒙古国"改为"大元"。1309 年 12 月，元武宗海山尊谥"法天启运"，庙号太祖。从此，成吉思汗的谥号变为"法天启运圣武皇帝"。

结语：一代天骄，泽被后世

成吉思汗发动的战争规模之大，建立的国家版图之广，将冷兵器时代的战争推上高潮。不得不说，他是世界史上最著名的人物之一，他的壮举在给社会带来巨大影响的同时，也给后人留下了最大的争论。

一支十几万的铁骑，一个百万人的游牧部落，在成吉思汗的带领下，仅用时 22 年便征服了半个世界，疆土横贯欧亚大陆。成吉思汗自己说过："我们要将青天之下所有的大地，都变成蒙古人的牧场。"他以铁血征战实现着自己的抱负，毋庸讳言他曾给欧亚广大地区的人民带来深重的灾难。有人也因此评价他为“野蛮的征服者”“嗜血成性的屠夫”。对于成吉思汗的历史功过，尤其是他对社会发展带来的深远影响，当我们走进历史，也许有更清醒的认识和全面的评价。

13 世纪初，蒙古高原分散着几十个部落，蒙古部落只是其中一个。幼年的铁木真随着家族的没落，经历了饥饿、逃亡、被俘、羞辱、背叛……少时的苦难，成就了成吉思汗，他在恶劣的环境中不屈不挠，击败强大的对手，逐步统一了各个部落。1206 年，铁木真正式称王，由此草原结束了纷争局面，一个帝国傲立于世界的东方。

此时的中国，正面临四分五裂的危机，广袤的土地上分布着南宋、金、西夏、辽等国，但看起来似乎没有一个国家拥有统一中华民族的能力。铁木真先是统一草原各部，后又攻入帕米尔高原的西辽、亚细亚阿姆河的花剌子模。他的后继者遵照其意志，又一举攻下西夏、金国以及南宋，促进了中华民族的空前大统一。

成吉思汗打造了一个横跨欧、亚两洲的超级帝国，改变了世界“文明社会旧秩序”，开创了新格局和新体系。在这之前的欧亚大陆，经历了兴衰交替和天灾人祸，呈现出一片死气沉沉的气象。在成吉思汗及其子孙的开拓下，旧格局被打破，新格局渐渐形成，今日欧亚国家的版图，很大程度上是在这个时期形成的，所以说如果没有成吉思汗祖孙的努力，就不可能有今日欧亚大陆的新格局、新国界和新体系（参见杰克·威泽弗德著 :《成吉思汗与今日世界之形成》，重庆出版社 2017 年版）。

成吉思汗对东西方的贸易、文化交流做出了极大贡献。与历代中国封建帝王重农轻商、扬农抑商的执政方式不同的是，成吉思汗在发展农牧业的同时，也极为重视商业和贸易的发展。他在 1217 年多次向花剌子模国派遣商团，对往来商队予以优待，寻求东西方互通贸易的有效途径。

在成吉思汗祖孙征服欧亚大陆的过程中，还大大促进了东西方的文化、技术交流。比如，蒙古人每征服一个地方就会建一个天文台，来观测行星和恒星的运行轨迹，蒙古帝国版图越来越大，天文科学也就被带到各地；蒙古人入主中原后，将波斯和阿拉伯的医生引入，同时将本国医生送至中东，这样就使得波斯和中东的外科手术、西医学传入了中国，中医学也传到了波斯和中东；蒙古人将水力机械和风力机械技术带到了欧洲，后来欧洲人将这一技术应用到采矿、金属制造等行业，代替了人力，促进了生产力的提高；鼓风技术是经丝绸之路传至欧洲的，使得欧洲的金属制造获得更高的温度，提高了质量，而这些高质量的金属制品是新的高科技技术的重要原料；蒙古人在攻城的时候会留下所有工匠，正因如此，他们才能将传统的武器进行改良，研制出抛石机、弩炮、燃烧弹弹射器以及火枪等“新式武器”，并在实战中取得实效；他们还将亚洲的农作物良种、水果良种以及种植技术引向欧洲，在此基础上又培育出新的种类和杂交品种，在欧洲加以推广种植，取得了丰硕的成果。

现代文化人类学家指出：“几乎所有被蒙古人征服的国家，在文化的交流、贸易的拓展以及文明的进步方面，很快地就产生出一种空前上升的态势。在欧洲，蒙古人彻底摧毁了大陆的贵族骑士精神……欧洲受到最小的损失，却获得了交往上的所有好处。新技术、知识与商业财富催生出文艺复兴……但更重要的是，他们吸收了来自东方的印刷、火药、指南针和罗盘的技术……欧洲人生活的每个方面——科技、战争、衣着、商业、饮食、艺术、文学和音乐等，都受蒙古人的影响。”还指出：“蒙古帝国的观念促使欧洲觉醒，产生出有价值的新思想，这些新思维和新实践，对欧洲的文艺复兴产生了重大影响。”（杰克·威泽弗德著：《成吉思汗与现代世界的形成》，重庆出版社 2017 年版）

成吉思汗及其继承者对宗教信仰实行自由、平等的政策，以政教分离、皇权高于宗教的方式管理国家。成吉思汗开放了宗教信仰，其孙忽必烈将这一策略发展得更加完善。故而蒙古帝国能将各个种族、不同信仰的人聚到一起，将各种思想广泛传播。

成吉思汗征服欧亚大陆的过程中，还开创了一系列国家相互交往的办法和原则，如：国家交往不论民族、宗教或种族，实行大规模、开放式的贸易互通；实行知识共享、宗教共存政策；实行和平共处、相互尊重、互不干涉内政、以礼相待等国际法则；实行按照相互尊重主权、平等互利的原则，相互给予来到本国或驻在本国的外国外交代表一定的特权和豁免等政策，以保证和便利外交官或外交代表行使职权（参见约西莫·布克汉森著：《苍狼帝国——成吉思汗与现代世界格局的形成》，新世界出版社 2012 年版）。

印度前总理尼赫鲁在《怎样对待世界历史》一书中说："成吉思汗即使不是世界上唯一的、最伟大的统帅，无疑也是世界上最伟大的统帅之一。"

西方历史学者们也一致认为，成吉思汗是近现代文明和全球化体系的开拓者。他们认为，成吉思汗是"缩小地球""沟通欧亚"的功臣，他"冲破了亚欧各国的封闭状态，沟通了东西方经济文化交流"，是功不可没的英雄和伟人。是的，伟大的成吉思汗即使早已离开历史舞台，但却悄无声息地把他的影响带到之后的一个又一个时代。从蒙古的历史中找寻成吉思汗，从蒙古帝国的蛛丝马迹里摸索新时代发展的脉络，古代的丝绸之路，今日的"一带一路"，少不了蒙古，少不了中国，也少不了任何一个线上国家，更少不了尘封历史中伟大的一代帝王成吉思汗的身影（参见度阴山著：《成吉思汗：意志征服世界》，北京联合出版公司 2015 年版）。

后 记

“一带一路”相关国家众多，代表性人物众多，为中外交好、民心相通做出杰出贡献的人士众多。因此，为“一带一路”璀璨群星立传，既使命光荣，又责任重大。在这项浩大工程的策划、组织、执行过程中，有许许多多的志士参加了有关传主的名单征集和审定，以及写作、翻译、审读、编辑、出版、筹资、联络等繁重而琐细的工作。所有参与的人员，以拳拳报国之心，尽深厚学养之力，克服了时间紧、任务重、要求高、压力大等诸多困难与挑战，最终圆满完成了任务。在本书付梓之际，丛书编委会特向参与本项目的全体同志致以崇高敬意和衷心感谢！

同时特别需要鸣谢的是，提出策划并领导实施此项目的中国传记文学学会会长王丽博士。王博士长期从事法律实务工作，经验丰富，并由于她担任“一带一路服务机制”主席职务的原因，她对相关国家、对走出去的“一带一路”建设者和广大青少年的需求了解真切，提出应当为他们写一套介绍各国典型人物的简明易读的传记，为他们提供健康的精神食粮。她把这项“额外”的工作当成了事业，联袂商会筹集资金、苦口婆心招揽作者、精心挑选传主名录、夙夜青灯挥笔写作、近乎偏执逐字推敲，可谓亲力亲为呕心沥血。面对如此浩大的出版项目和繁重的出版任务，中国出版集团华文出版社不但毅然承担了出版任务，而且集团和出版社的领导与中国传记文学学会的负责同志一起协商，寻求有关部门的支持和帮助，努力将该传系打造成高质量的精品好书。在此，我们特向项目牵头人和中国出版集团公司、华文出版社的相关领导和编辑致以崇高敬意和衷心感谢！

更让我们感动的是，在项目实施过程中，一些富有家国情怀的民间商会和企业家的慷慨解囊，虽不足以支撑项目的全部费用，但是他们所表现出的热心和支持，让我们坚定了走下去的信心和决心。在此，我们要特别鸣谢为本项目的创作与出版做出捐赠支持的中国民营经济国际合作商会、亿阳集团股份有限公司、富通集团有限公司以及太平洋证券股份有限公司，并对他们的拳拳报国之心和慷慨无私帮助致以崇高敬意和衷心感谢！

一项伟大的事业，离不开许多默默无闻的奉献者。在本传记系列的组织、编写、出版过程中，有历史、文学、科研、外交、教育、法律、翻译、出版等领域的数百位专业人士参与，恕不能在此处一一详列。需要特别提出的是，鞠思佳、景峰等同志为组织联络、收集资料到处奔波而毫无怨言，唐得阳、唐岫敏、白明亮、谭笑等同志在编写、翻译和编辑、校对过程中的细致与负责让我们感动，赵实、胡占凡、高明光、吴尚之、刘尚军、李岩、王灵桂、李永全、陈晓明、许正明、宋志军等同志睿智的指点和专业的帮助让我们避免了许多弯路。在此，我们特向以上各位同志致以崇高敬意和衷心感谢！

当然，由于我们水平所限，本丛书难免有某些不尽如人意和瑕疵之处，敬请学界专家和各位读者不吝赐教，我们将在作品再版之时予以完善。在此，我们也向各位读者提前表示崇高敬意和深深感谢！

“一带一路”列国人物传系编委会

2018年3月8日